Trotz vs. ALS

Totgesagte leben länger...

Trotz vs. ALS

Caroline Reznik

Impressum

Caroline Reznik

1. Auflage

© Caroline Reznik, 2022

Herstellung und Verlag:

BoD - Books on Demand, Norderstedt

ISBN: 9783756818693

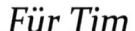

Für Tim

Vorwort

Das

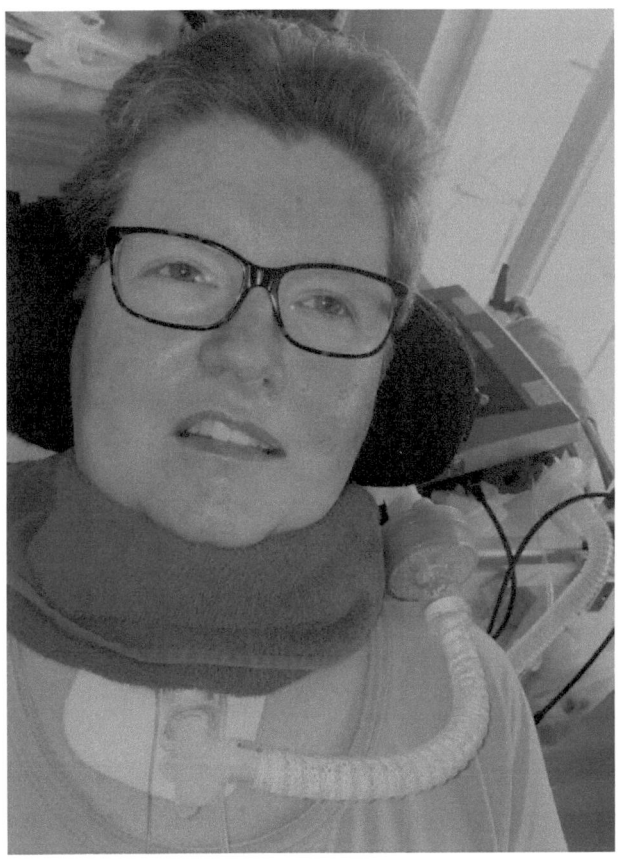

bin ich!

Bei mir wurde vor acht Jahren die immer noch unheilbare Krankheit ALS (**A**myotrophe **L**ateral **S**klerose) diagnostiziert und ich habe ein Buch geschrieben, wie ich diese Nachricht aufgenommen habe und welchen Weg ich durchlaufen habe, um das Erlebte zu verarbeiten.

In diesem Buch beschreibe ich jetzt, wie es für mich nach der Veröffentlichung des Buches weiterging, wie ich mir die Zeit vertreibe und wie ich mich mit der Krankheit arrangiert habe.

Ich erfreue mich lieber an dem, was ich noch kann, als um das zu trauern, was ich nicht mehr kann. Die Zeit ist viel zu kostbar. Aber der Weg zu dieser Einstellung war äußerst lang und alles andere als leicht. Natürlich habe ich auch schlechte Tage, an denen ich vor Verzweiflung, Enttäuschung und Wut schreien könnte. Und solche Tage sind keine Seltenheit. Es ist deprimierend, immer auf Hilfe angewiesen zu sein. Zudem fällt auf, dass ich immer häufiger Schmerzen bekomme, die die unterschiedlichsten Ursachen haben. Doch zum Glück habe ich Menschen um mich herum, die ich um Hilfe bitten kann. Auch das hat lange gedauert, bis ich das konnte. Ich bin eine selbstbewusste Frau und kam nach dem Tod meines Mannes auch gut alleine klar. Dann aber bekam ich diese Hiobsbotschaft ALS und musste umdenken. Ich hatte keine andere Wahl. Mehr und mehr verlor ich meine Fähigkeiten und Fertigkeiten und musste mir eingestehen, dass ich Aufgaben abgeben muss (!). Inzwischen bin ich es gewohnt und alles hat sich eingespielt. Ja, ich kann sogar sagen, dass ich auf ganz besondere Art wieder glücklich bin.

Allen Theorien zum Trotz, lebe ich mit der vermaledeiten Krankheit schon fast doppelt so lange, wie die Forschung angibt!!! Davon alleine schon vier Jahre im „Endstadium". In diesem Buch beschreibe ich, was mich jeden Tag aufs Neue antreibt und mir Hoffnung gibt. Auch die ein oder andere amüsante Situation mit den Pflegern oder einem Hilfsmittel haben in diesem Buch Platz gefunden. Ich erzähle, wie mein Sohn die ganze Zeit überstanden hat und wie andere Menschen auf ganz unterschiedliche Art und Weise meine Geschichte angesprochen und bewegt hat. Außerdem gibt es jede Menge Fotos, die das Ganze anschaulicher machen.

Es war richtig und wichtig, mit meinen Gedanken an die Öffentlichkeit zu gehen. Genau diese ganz privaten Einblicke, haben vielen anderen Kraft gegeben, wieder neuen Lebensmut zu schöpfen.

Kann es Schöneres geben?

Mai 2021

Es ist Mai und ich werde nun schon seit fünf Jahren von einem Intensivpflegedienst zu Hause betreut und ich habe überlegt, wie ich mich mal „intensiv" bedanken könnte. Ich finde, und ihr seid da sicherlich meiner Meinung, dass diese Arbeit mit Geld eigentlich gar nicht zu bezahlen ist. Also, wie kann ich mich erkenntlich zeigen?

Meine Idee: Ich schrieb bei Facebook einen Post, mit dem ich mich bei meinen Pflegern bedankte:

„Ihr Lieben!
Nicht ganz ohne Grund habe ich die Fotos aktualisiert.
Ich möchte einfach mal "Danke" sagen, an meine wunderbaren Pfleger/-innen, die mich inzwischen 5 Jahre aufopferungsvoll hegen, pflegen und mich aushalten.
Die mit mir lachen und weinen und wieder aufbauen, wenn es mal nicht so doll ist. Nur durch die gute Pflege kann ich so strahlen und die Situation ertragen. Danke, dass es euch gibt."

So also meine Worte...
Den Account bei Facebook hatte ich schon weit vor meiner Erkrankung und ich habe mich gerne dort unterhalten. Die Nachricht über diese Krankheit warf

mich allerdings dermaßen aus der Bahn, dass ich mich zu nichts mehr aufraffen konnte. Sogar viele Nachrichten, Briefe oder Karten meiner Freunde, die mich erreichten, beantwortete ich nicht. Es ging einfach nicht. Ich befand mich wie in einer Blase. Wenn mich jemand angesprochen hat, hörte ich es wie durch einen Kopfhörer. Und das ist eigentlich so gar nicht meine Art. Ich bin kommunikativ und gesellig. Oder vielleicht sollte ich besser sagen ich WAR es? Ich habe gerne meine Familie und Freunde um mich. Eigentlich! Es ist wirklich erschreckend, was so eine Nachricht mit einem macht. Die menschliche Psyche. Eine riesige, heimtückische Macht. Ich kann jetzt durchaus verstehen, dass viele Menschen dem Leben ein Ende setzen, wenn sie eine unheilbare Krankheit haben. Es ist ganz oft ein sehr großer Kraftakt, sich jeden Tag aufs Neue zu motivieren. Der Fernseher wurde mein bester Freund. Ich ließ mich regelrecht gehen. Während meiner Ausbildung zur medizinischen Fachangestellten musste ich erleben, wie sich ein Patient das Leben nahm, weil er die Nachricht eines aggressiven Lungenkarzinoms (also Krebs) nicht verkraftet hat. Jetzt kann ich ihn verstehen.

Nach ein paar Monaten aber beschloss ich, mich so wenig wie nur möglich, von einem unbekannten Feind in mir beherrschen zu lassen. Schließlich hatte ich auch immer noch eine Vorbildfunktion für meinen Sohn. Ich wollte erleben wie er aufwächst. Wollte sehen, was er beruflich machen möchte. Ich begann meine Erlebnisse aufzuschreiben als eine Art Tagebuch.

Dieser Post auf Facebook war also eine erste Nachricht von mir an die Außenwelt nach ungefähr fünf Jahren und die Reaktionen waren grandios. Ich hatte ein Foto von mir dazu gepackt und alle sahen mich jetzt mit dem Beatmungsschlauch und lächeln.

Siehe das Foto auf dem Cover

Mir war zu diesem Zeitpunkt noch nicht klar, welche Reichweite der Post bringen würde. Aber klar, alles was die Menschen über ALS wissen, ist, dass die Lebenserwartung irgendwo zwischen drei und fünf Jahren liegt. Da lag es nahe, dass die Leute sich freuten, mich so glücklich zu sehen. Und das bin ich auch. Es war die beste Entscheidung für mich, in die Offensive zu gehen. Es gibt mir unendlich viel, die aufmunternden Worte zu lesen. Auch bei meiner Familie bemerkte ich eine Veränderung. Diese unterschwellige Anspannung, nicht zu wissen, wie man sich mir gegenüber verhalten soll, wie man jetzt am besten mit mir umgeht, hat sich gelöst. Sie haben verstanden, dass ich mein Schicksal angenommen habe und es sich wesentlich leichter lebt, wenn man die Situation akzeptiert. Nicht nur für mich, sondern für jeden. Ich möchte kein Mitleid. Es ist fürchterlich für mich, wenn mich jemand besucht und mich die ganze Zeit mitfühlend anschaut. Womöglich noch meine Hand nimmt und streichelt. Das zieht mich nur runter und kostet mich nach dem Besuch unnötig Energie, mich selbst wieder aufzuheitern. Das mag für viele hart klingen, aber so bin ich. Klar und direkt!

Wie schon erwähnt, habe ich ein Arrangement mit der Krankheit geschlossen und bitte jeden, das zu beherzigen. So kann ich mich entspannen und zufrieden sein. Es gibt so viel Wichtigeres, wenn man weiß, dass seine Lebenszeit verkürzt sein wird. Viel zu schade, diese Zeit mit Trübsal zu verplempern.

Ich bin glücklich, meinen Sohn aufwachsen zu sehen.

Ich bin glücklich, noch so viel Zeit mit meiner Familie verbringen zu können.

Ich bin glücklich, so tolle Freunde zu haben, die sich immer wieder etwas Neues ausdenken, um mir eine Freude zu machen.

Klar, mein Freundeskreis hat sich verändert und ist, sagen wir mal, überschaubarer geworden. Dafür sind die Freundschaften umso intensiver.

Im Hinterkopf hatte ich dann auch mein Buch, an dem ich bis dahin schon fast ein halbes Jahr schrieb – und den Entschluss gefasst, es doch für alle öffentlich zu machen. Zunächst schrieb ich es für mich, wie eine Art Tagebuch, um das Erlebte besser verarbeiten zu können. Es ist doch sehr privat. Dann überlegte ich aber doch, dass ich meine Geschichte bekannt machen sollte und wollte eben Schritt für Schritt bei Facebook darauf hinarbeiten.

Also gab es einen weiteren Beitrag von mir:

„Hallo ihr da draußen!
Ich freue mich sehr, dass ihr so zahlreich meinen Post für
meine Pflegeengel kommentiert habt. Man kann ihnen
einfach nicht genug Respekt zollen. Ich danke auch allen,
die mir daraufhin persönlich geschrieben haben. Leider
ist das Schreiben für mich sehr anstrengend und ich kann
nicht jede einzelne PN beantworten. Es ist sehr schön,
dass sich jetzt doch einige trauen, mich direkt anzuspre-
chen. Weil sich die Fragen bzw. Kommentare ähneln und
sich viele fragen, wie es mir geht oder wie ich so lebe,
habe ich mir gedacht, ich lasse euch etwas daran teilha-
ben und werde mich hier immer mal wieder melden, so
wie ich es eben schaffe, in Worten oder Fotos.
Mal schauen. Ich überlege mir was... Tschüss Tschüss bis
bald!"

So nahm alles seinen Lauf. Wie schon erwähnt, beschreibe ich auch, wie sich so meine Woche gestaltet,
werde es allerdings hier in diesem Buch natürlich nicht
komplett wiederholen. Trotzdem versuche ich zu beschreiben, wie ich die Tage so erlebe und mir die Zeit
vertreibe. Klar ist so ein Tag überwiegend wie der andere, dennoch sind es gerade bei der ALS die feinen Un-
terschiede, die es ausmachen. Zum Beispiel bin ich sehr
feinfühlig geworden. Mir ist schon aufgefallen, dass ich
mich und meine Gefühle nicht mehr unter Kontrolle

habe. Und das ist mir oft sehr unangenehm. Gerade beim Weinen. Mein Gesicht ist für meinen Geschmack schon so entstellt, dass ich mich manchmal am liebsten verstecken möchte. Entstellt ist vielleicht das falsche Wort. Nichtssagend trifft es eher. Sentimental war ich schon immer, aber das was ich jetzt manchmal erlebe, ist heftig und ich habe selbstverständlich danach googeln müssen, was da mit mir passiert. In einem Forum für ALS-Erkrankte, wurde ich dann schließlich fündig. Affektinkontinenz!

Ja, ich musste auch schmunzeln. Hat aber mit der Inkontinenz, an die ihr jetzt vielleicht denkt, rein gar nichts zu tun. Es ist eine gar nicht mal so seltene Begleiterscheinung bei ALS. Bei dem Begriff der Affektinkontinenz handelt es sich um eine Verminderung der Steuerfähigkeit von Gefühlsäußerungen. Diese springen stark an und sind in ihrem Ausmaß nicht oder nur teilweise von der Person kontrollierbar. Kleinere Auslöser (z. B. eine unangenehme Vorstellung) führen zu einer überschießenden bzw. unangemessenen Reaktion (z. B. heftiges Weinen oder Lachen). Die übermäßige Reaktion wird von der betreffenden Person als solche erkannt und vor allem zu Beginn der Erkrankung als peinlich empfunden.

Oh ja, sogar als megapeinlich.

Das Lachen war nicht so das Problem, aber das Weinen. Für mich wie gesagt, schrecklich peinlich. Naja, Watt willste mache... Überhaupt sind bei dieser Erkrankung sämtliche Reflexe gesteigert. Nennt sich dann Hyperreflexie.

Als Hyperreflexie wird in der Neurologie sowohl eine allgemein gesteigerte Reflexbereitschaft, als auch die Steigerung einzelner Reflexe bezeichnet. In beiden Fällen drückt sich die Hyperreflexie durch eine ungewöhnlich starke Reflexantwort mit leichterer Auslösbarkeit von Muskeleigenreflexen (Reflexzonenverbreiterung) aus. Eine allgemeine Hyperreflexie mit genereller Steigerung der Muskeleigenreflexe, kann bei einer Vielzahl von Erkrankungen auftreten. Das muss aber nicht direkt heißen, dass man zwangsläufig erkrankt ist. Es wird auch bei gesunden Menschen beobachtet. Hier insbesondere bei Aufregung. Die Hyperreflexie einzelner Muskelgruppen kann einen Hinweis auf eine Schädigung im Verlauf der motorischen Bahnen in Gehirn und Rückenmark geben. Die wohl bekannteste Methode, Reflexe zu testen, ist, das kleine Hämmerchen gegen das Knie zu hauen. Ich kann euch sagen... so habe ich noch nie meinen Unterschenkel fliegen sehen. Wahnsinn!

Mein Sohn bestreitet inzwischen die schriftlichen Prüfungen der mittleren Reife und ich bin selbst fast genauso aufgeregt, wie damals bei meiner eigenen. Er besucht auch dieselbe Schule wie ich. Auch mein Mann und mein Bruder gingen schon in diese Schule. Viele lassen kein gutes Haar an ihrer Schulzeit. Ich bin gerne gegangen. Obwohl ich keine Musterschülerin war.

Als ich die Diagnose bekommen habe, machte ich mich zunächst auf die Suche in den großen Weiten des Internets was ALS genau macht und es las sich alles wie von einem anderen Stern. Es gab zu viel Text für viel zu wenig brauchbare Informationen. Das ist ja meistens so. Das, was man vom Arzt gesagt bekommt, versteht man kaum. Ich bin, tschuldigung, ich *war*, mit Leib und Seele Arzthelferin und habe schon immer versucht, das Fachchinesisch der Ärzte in Patientendeutsch zu übersetzen. Daher habe ich auch versucht, meine Geschichte so zu schreiben, als würde ich es gerade meinem Gegenüber erzählen. In ganz einfachen Worten. Es war ein Kompliment, das ich oft für meinen Schreibstil bekommen habe. Macht mich schon bissle stolz. Das Schreiben einer Geschichte war während der Schulzeit nicht meine Lieblingsaufgabe. Ein Diktat war mir lieber.

Juni 2021

Es ist Juni und das Wetter ist durchwachsen. Ich bin froh, dass es nicht so heiß ist. Obwohl ich dauerhaft beatmet bin, fühlt es sich an, als läge ein Sack Zement auf meinem Brustkorb. Mir ist es fast lieber, wenn es kühl oder kalt ist. Da kannst du dich schön einmummeln und nach und nach „auspacken". Je nach Bedarf. Ihr wisst schon, Zwiebel-Look! Wenn mir das früher einer gesagt hätte. Ich und Kälte. Undenkbar. Bis zur Schwangerschaft mit meinem Sohn, bin ich in den kalten Monaten nur nach draußen, wenn die Vernunft sich manchmal durchgesetzt hat und ich eine Runde um den Block ging. Mit dem Kleinen stand dann natürlich die Bewegung draußen außer Frage und ich wurde tatsächlich eine kleine Frischluftfanatikerin. Von da an galt das allseits bekannten Motto: Es gibt kein schlechtes Wetter, nur schlechte Kleidung. Mittlerweile, mit dieser vermaledeiten Krankheit, gehe ich nicht mehr so oft an die frische Luft. Zum einen eben, weil es ein großer Aufwand ist und zum anderen ist es mir auch zu anstrengend. Mein Feind verlangt mir einiges ab. Ich bin müde vom Nichtstun. Egal wie gut oder schlecht ich schlafe. Auch die lieb gemeinten Ratschläge meiner Pflegekräfte, mach doch öfter mal die Augen zu, helfen da nicht. Es ist wirklich einfach tagesformabhängig. Man kann es auch nicht an irgendetwas fest machen, warum ich heute gut drauf bin und quasi Bäume ausreißen könnte und am nächsten Tag, unter denselben Bedingungen, am liebsten im Bett bleiben würde. Selbstverständlich gibt es Tage, an denen ich mal ein Stündchen einnicke, aber ich kann es nicht täglich. Sonst ist wieder die erholsame Nachtruhe infrage gestellt. Doch trotz allem muss ich sagen, im Vergleich zu anderen Menschen mit ALS, geht es mir gut. Nach allem, was ich so in den verschiedenen Foren lese, kann ich wirklich zufrieden sein. Ich habe bis zu diesem Zeitpunkt wirklich selten Schmerzen. Vielleicht liegt es auch daran, dass ich verhältnismäßig jung war, als die Diagnose gestellt wurde. Glaubt man dem Internet, tritt ALS typischerweise nach dem 50. und vor dem 70. Lebensjahr auf. Meist mit rasch fortschreitendem, degenerativem Verlauf bei einer Lebenserwartung von nur wenigen Jahren. Männer sind etwas häufiger betroffen als Frauen. Toll, oder? Trifft beides ja mal so gar nicht auf mich zu. Keine Ahnung. Eine Tablette zum Einschlafen möchte ich nicht zusätzlich nehmen. Ich bekomme zum Beispiel ein Medikament gegen Stimmungsschwankungen, die müde machen. Was man auch als gewollte Nebenwirkung bezeichnen könnte. Das heißt aber nicht, dass man mich um 22:00 Uhr ins Bett legt und ich dann acht Stunden schlafe. Selbst wenn ich wirklich sehr müde bin, kann es sein, dass ich nicht richtig schlafen kann. Üblicherweise liege ich gegen 24:00 Uhr im Bett und bin leicht zur Seite gelagert. Das heißt, man dreht mich zur Seite und legt mir eine zusammengerollte Decke in den Rücken. Anschließend lagern wir die Beine mit Kissen. Vor allem das Kissen zwischen den Beinen ist wichtig, damit die Knie nicht direkt aufeinander liegen. Es kommt sonst leicht zu Druckstellen. Dem Dekubitus. Ob Druckgeschwür, Durchliegegeschwür oder Wundliegen – alle Bezeichnungen beschreiben den sogenannten Dekubitus. Hierbei ist die Haut und/oder das darunter liegende Gewebe in Folge von anhaltendem Druck auf eine oder mehrere Körperstellen, lokal begrenzt geschädigt. Entweder durch langanhaltenden oder zu starken Druck auf ein bestimmtes Hautareal, beispielsweise durch Matratzen, Falten im Leintuch oder Schuhe, werden die Blutgefäße in meinem Gewebe zusammengedrückt. Das begünstigt natürlich das Ganze.

Bei Facebook postete ich zwischendurch mal wieder ein Foto, das mich beim Spaziergang mit einem Pfleger zeigt und ich erkläre, wie ich, mit dem durch meine Augen gesteuerten PC, kommuniziere. Das kommt natürlich richtig gut an, weil man es sich nicht vorstellen kann, wie man sich unterhält ohne sprechen zu können. Meine Erklärung also:

„Halli Hallo!
Letztes Mal habe [ich] erzählt, dass ich nur noch mit den

Augen kommunizieren kann und damit ihr euch das besser vorstellen könnt, hier wieder ein Foto. Das ist der PC, den ich mit den Augen bediene. Leider brennen sie sehr schnell und ich muss Pause machen. Wenn die Augen tränen, ist es fast unmöglich zu schreiben, weil die Kamera die Augen nicht mehr richtig erkennt. Das Teil ist genial. Ich kann damit nicht nur kommunizieren, sondern auch den Fernseher und das Radio steuern. Es hört sich vielleicht blöd an, aber diese "Kleinigkeiten" sind für mich ein großes Stück Selbstbestimmung. „Wer die Fernbedienung hat, hat die Macht, oder Sohnemann?" Ebenso bin ich damit bei WhatsApp und auch hier unterwegs. Mein alter Herr sagt sogar, ich sei mit den Augen schneller im Schreiben als er beim Tippen. ...pssst. Sorry Papa, bei seinen stolzen 81 Jahren, ist das auch keine große Kunst.

Ihr Lieben, Tschüss bis demnächst!"

Foto mit PC – siehe nächste Seite.

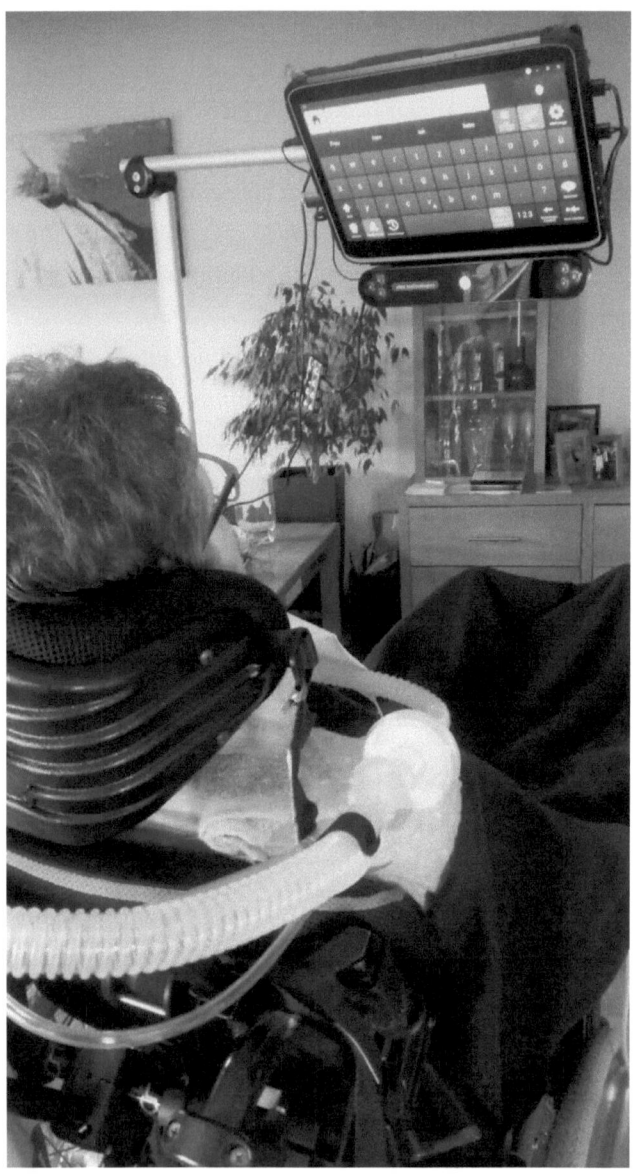

Es ist also ein deutscher Sommer und Ende Juni hat unser Vater Geburtstag. Typischerweise meldet sich mein Bruderherz meistens ein oder zwei Tage vor diesem Tag mit den Worten: „Du, was schenken wir eigentlich Vaddi?" Ach ja, herrlich mein kleiner Bruder. Ich bin schon immer sehr zeitig dran, wenn es um die Geschenke meiner Liebsten geht. Schreibe mir zum Beispiel auch Ideen auf, die mir das ganze Jahr über so einfallen oder die ich zwischendurch aufschnappe. Ebenso für Weihnachten. Ich liebe Weihnachten...und ich hasse Hektik. Erst recht in der Adventszeit. Ich habe also selbstverständlich schon ein Geschenk besorgt oder ich habe für ihn noch eine Idee, die sich auch so kurzfristig umsetzen lässt.

Bevor ich krank wurde, war Backen ein großes Hobby von mir. Ich war immer froh, wenn ich zu irgendwelchen Feierlichkeiten einen Kuchen mitbringen konnte. Lieber zwei oder drei Kuchen, bevor ich einen Salat mache. Was nicht heißt, dass ich nicht kochen kann oder Herzhaftes im Allgemeinen zubereiten kann. Mir lagen Torten und Kuchen einfach mehr. Im ersten Jahr dann mit ALS, war die Pflegerin von mir so lieb und backte quasi unter meiner Anleitung den Lieblingskuchen des Jubilars. Seitdem ich nicht mehr zu meinen Freunden und Familie gehen kann, kommen Sie eben zu mir. So verbringen wir wenigstens ein, zwei Stündchen zusammen. Das Jahr darauf konnte ich schon nicht mehr richtig sprechen und ich bat meine Nichte, zu backen.

Außerdem habe ich super gerne gesungen und jedes Geburtstagskind bekam selbstverständlich ein Ständchen. Ob es wollte oder nicht. Und weil das natürlich auch nicht mehr geht, spielte ich das bekannte „Happy Birthday2 ab, wenn das Geburtstagskind meine Wohnung betrat. Die nächsten Jahre aber war mir immer das gleiche Lied viel zu langweilig und ich begann mit der Suche nach weiteren Geburtstagsliedern. Vielleicht sogar in den Musikrichtungen, die das jeweilige Geburtstagskind gerne hat.

Ich wusste gar nicht, dass das als Rap so cool ist. Meinem Junior war es peinlich. Ich aber habe es gefeiert und mich innerlich vor Lachen gekugelt. Ja, ich bin gerne peinlich...und ich habe ja auch Zeit, im Internet zu stöbern. Meistens bin ich mit dem Geschenkesuchen und Liederauswählen so beschäftigt und abgelenkt, dass ich die Zeit vergesse. Ruckzuck sind zwei Stündchen um. Geht euch sicherlich auch oft so, wenn ihr im Internet unterwegs seid.

Am Geburtstag selbst bin ich sehr sentimental und breche erst einmal in Tränen aus. Ich sage nur „Affektinkontinenz". Meistens weine ich schon, wenn ich die Lieder durchstöbere. Es ist und bleibt halt eine schei... Situation und so stark wie alle denken, bin ich nicht. Es ist also Ende Juni und Papa hat Geburtstag. Seit ich krank bin und alleine lebe, kommt er mich einmal die Woche besuchen und auch in diesem Jahr habe ich von meiner Nichte seinen Lieblingskuchen backen lassen.

Auch ihn übermannten zunächst die Gefühle und wir verdrücken ein paar Krokodilstränen. Dieses Mal weine ich schon, als ich den Schlüssel in der Tür höre und ich schaffe es nicht, gleich das Lied abspielen zu lassen. Die Kamera hat keine Chance meine Augen zu erkennen. Erst als ich mich wieder gefangen hatte, hörten wir es uns an.

Ich will wieder meinen Liebsten eine Freude machen können, wie ich es zuvor auch getan habe. In solchen Situationen kommt wieder eine Wut auf diese Krankheit hoch. Und es macht mich mitunter sehr, sehr traurig. Jetzt muss ich mir eben etwas anderes, dem Rahmen meiner Möglichkeiten entsprechend, überlegen. Nicht immer so leicht, aber es ist trotzdem möglich. Viele verurteilen einen großen Internet-Versandhandel, weil die Arbeitsbedingungen nicht korrekt sind. Und ich befürworte es nicht, aber es ist auch nicht bewiesen, was tatsächlich passiert. Zudem habe ich keine andere Möglichkeit, andere zu überraschen, ohne immer wieder irgendjemanden zu bitten oder zu mobilisieren. Das ist mir lästig und da ich in diesen Dingen leider eine kleine Perfektionistin bin, kann ich doch leicht nervig werden, wenn etwas nicht so funktioniert, wie ich mir das vorstelle. Und der beste Nebeneffekt: Ich habe Spaß daran und super Laune, wenn ich sehe, wie sich der Beschenkte freut.

Thorsten, ein Kumpel von früher, hatte dann noch die

Idee, einen Artikel über mich und mein Buch in die regionale Tageszeitung zu setzen. Eine schöne Idee. Er half mir schon bei meinem ersten Buch, da er selbst schon einige Bücher geschrieben hat. Wir einigten uns darauf, sobald ich mein Werk in Händen halten würde, dieses Vorhaben in die Tat umzusetzen.

Mein Buch war nun so gut wie fertig und ich wollte mindestens zwei Personen haben, die es Korrektur lesen. Thorsten selbstverständlich und ich fragte den Sohn meiner Cousine. Wir hatten früher ein recht enges Verhältnis. Wie die Zeit so spielt. Kinder werden groß. Er ist inzwischen Lehrer. Unter anderem auch für Deutsch. Beste Voraussetzungen also für mein Lektorat. Er freute sich über diese Aufgabe und bis auf paar Kleinigkeiten, segnete er alles ab. Auch Thorsten gab mir sein ok und sagte mir, wie ich weiter verfahren solle. Er empfahl mir Books on Demand. Ein unkompliziertes Unternehmen, um Neulingen den Einstieg in die Autorenwelt zu ermöglichen, im sogenannten Selbstverlag oder neudeutsch 'Self-Publishing'. Es gibt allen Autoren die Freiheit, genau die Bücher zu schreiben und unabhängig zu veröffentlichen, von denen sie träumen. Ihnen entsteht kaum finanzielles Risiko, da BoD-Bücher bereits ab einem Exemplar erst dann produziert und verschickt werden, wenn sie zuvor gekauft wurden. Dies geschieht zudem in hoher Qualität und Geschwindigkeit. Während des gesamten Prozesses haben Autoren die völlige kreative Freiheit. Sie allein entscheiden über den Inhalt, die Gestaltung, den Preis und den Veröffentlichungszeitpunkt der Bücher.

Ich beschrieb als nächstes, was ich so die Woche über mache. Zweimal wöchentlich kommt z. B. der Physiotherapeut und ich postete dazu:

„Hallole!
Heute war wieder Krankengymnastik. Wie jeden Dienstag- und Donnerstagvormittag werde ich "gequält". Tut aber saugut..."

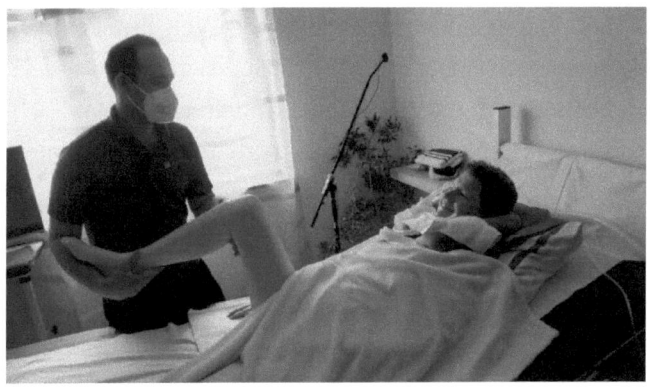

Außerdem stehen bei meinem Sohn jetzt noch die mündlichen Prüfungen an. Ich bin wieder aufgeregt und drücke natürlich die Daumen. Die Jahre sind jetzt im Nachhinein so schnell vergangen. Auch ich habe mir, wie so viele Menschen, eine Liste mit Dingen gemacht, die ich gerne noch erleben würde. Eine so genannte Bucket-List (vom engl. „kick the bucket", dt. etwa „den Löffel abgeben", daher deutsch auch Löffelliste genannt) steht für: eine Liste mit Dingen, die man im restlichen Leben gerne noch tun oder erreichen möchte.

Der Schulabschluss meines Sohnes, war eines davon. Vielleicht komme ich im Laufe des Jahres noch ein weiteres Mal auf diese Liste zu sprechen. Man weiß es nicht. Wer weiß schon was in der Zukunft passiert? Insgeheim wünsche ich mir ja schon eine halbe Ewigkeit, dass mein Bruder heiratet. Alle Voraussetzungen dafür sind eigentlich gegeben. Er hat eine so liebe Frau gefunden. Leider befindet sich die ganze Welt immer noch im Ausnahmezustand und es dürfen sich nicht so viele Menschen auf engem Raum aufhalten. Corona! Ich könnte wetten, dass sich die beiden unter normalen Umständen schon das Ja-Wort gegeben hätten.

Juli 2021

Es ist Juli und gleich zu Beginn hat meine Cousine Geburtstag. Da war dann wieder das Kuchenproblem und ich habe Schwierigkeiten, mich bei Laune zu halten. Es tut mir schrecklich weh, nicht mehr so feiern zu können, wie wir es gewohnt waren. Zu Beginn meiner Erkrankung war es allerdings noch weitaus schlimmer. Ich wollte nichts, aber rein gar nichts von Urlauben oder Feiern sehen oder hören. Es gab kaum etwas, das mich trauriger machte, als die liebsten Menschen von mir so zu sehen und zu wissen, dass ich es nicht mehr mitmachen kann.

Vor ein paar Tagen war meine beste Freundin bei mir zu Besuch und wie wir so quatschten, veränderte sich plötzlich die Stimmung. Wir waren beim Thema Konfirmation. Ihr Sohn, mein Patenkind, beging vor zwei Wochen dieses Fest und sie war so traurig, weil ich nicht dabei sein konnte. So kamen wir auch auf die unterschiedlichen Partys zu sprechen, die wir gemeinsam gefeiert haben. Jetzt liefen auch bei mir die Tränen. Nicht so sehr wegen der Tatsache, nicht mehr feiern gehen zu können. Viel mehr, weil sie sagte, dass sie selbst seither auch nicht mehr großartig weg war. Weil es eben anders ist. Nur kurz zur Erinnerung: ich bin seit sieben Jahren an den Rollstuhl gefesselt! Das war ein

Gedanke, der mir noch nie in den Sinn kam. Ja klar, nicht nur ich kann nicht mehr, so wie ich möchte. Für mein Umfeld änderte sich ja auch etwas, weil ich nicht mehr dabei bin. So hatte ich das bei ihr, beziehungsweise mit ihr noch nicht in Verbindung gebracht. Sie ist ein so toller Mensch und gesellig, wie ich es auch immer war. Ich kam aber nie auf die Idee, dass sie sich einsam oder alleine fühlen könnte. Eigentlich habe ich diese Gefühle nur mit meinem Sohn in Zusammenhang gebracht. Oder mit meinem Bruder. Ach Mensch, es ist so traurig und bleibt eine scheiß Situation. Heute kam sie dann mit dem Junior, um sich zu bedanken. Ich hatte sie auf die Idee gebracht, in der Gaststätte rechtzeitig nach der Tischdekoration zu fragen und für die Gäste kleine Giveaways zu richten. Sie ist durch das ganze Hin und Her, ob die Feierlichkeiten nun stattfinden oder nicht, völlig durcheinander. Diese Pandemie verlangt von allen so viel ab. Fürchterlich nervtötend. Also habe ich die Sachen bestellt und wir haben es bei mir gerichtet. Jetzt also das 'Dankeschön' und wir heulten um die Wette.

Bei Facebook war ich selbstverständlich auch noch weiterhin aktiv und freue mich immer wieder sehr über die Kommentare, die mir meine Mitmenschen so hinterlassen. Meine Erklärungen kommen gut an und sie bedanken sich dafür, so private Einblicke zu bekommen. Ende Juli zeigte ich mich mit meinem

Physiotherapeuten, was aber nicht die einzige Art von Bewegung ist, die ich habe. Also schrieb ich:

„Hallole!
Heute war ja wieder Bewegung angesagt bei mir mit David vom Vital Zentrum Aglasterhausen, aber das reicht bei weitem nicht. Das heißt, ich werde jeden Morgen vor dem Aufstehen von meinen Pflegern durchbewegt, vom kleinen Finger bis zum großen Zeh und abends fahre ich für eine Stunde Fahrrad, um die großen Gelenke vor der langen Nacht noch mal zu lockern. Hoffe mal, dass ich so das mit den Schmerzen weiterhin im Griff behalte. Tschüss, bis demnächst mal wieder."

Foto mit Motomed – siehe nächste Seite

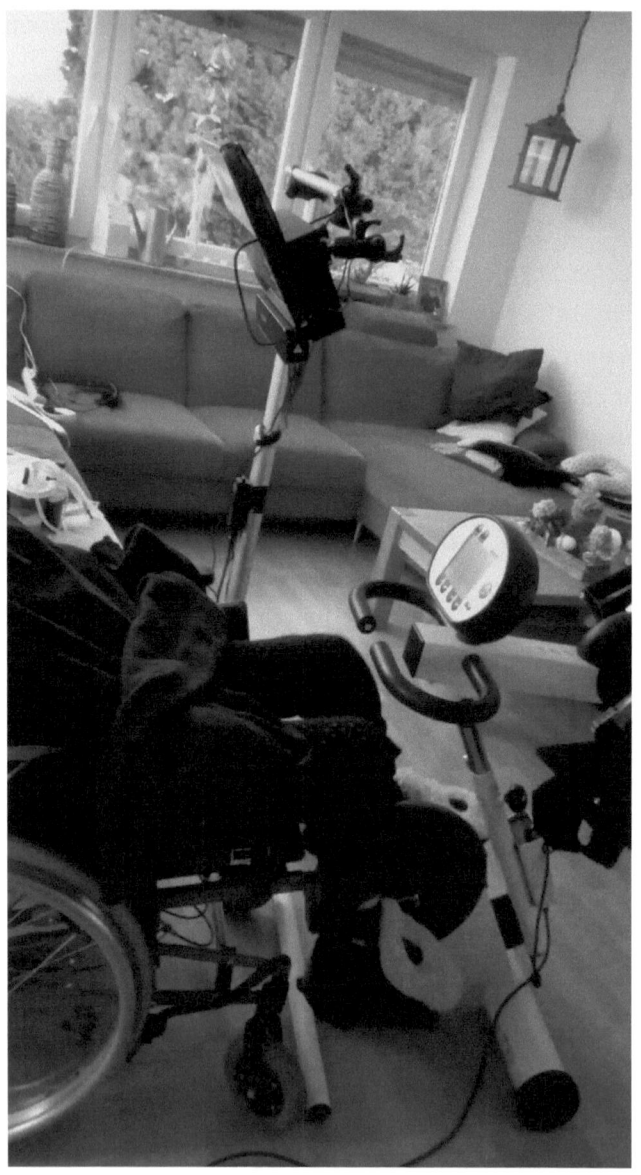

Wie gesagt, gaben mir meine zwei „Lektoren" ihr „Go!" und ich schrieb Thorsten, dass ich meine Geschichte jetzt auf die große Reise schicke. Diese Plattform gab mir die Möglichkeit mein Werk hochzuladen und dann eventuell noch etwas zu verbessern, wenn nötig. Aber anscheinend war alles fehlerfrei und so kam nur noch die Rückmeldung, dass mein Buch fertig sei und ich es ab sofort bestellen könne. Ich kann euch sagen...so schnell war mein Puls lange nicht mehr auf 180. Hatte Thorsten nicht gesagt, dass die mir schreiben, wenn alles gut ist und ich es final abschicken kann??? Naja, jetzt ist es, wie es ist, und ich gab meine Bestellung auf. Es dauerte keine zehn Tage und ich hielt mein Werk in den Händen. Ähm, im übertragenen Sinne natürlich.

Mein Pfleger blätterte Seite für Seite durch, um zu schauen, ob alles in Ordnung ist, und legte es mir abschließend auf den Oberkörper für ein Foto.

Foto mit Buch – siehe nächste Seite

Heute ist ein ganz besonderer Mittwoch. Es ist Mittwoch der 28.07.2021 und ich habe heute mein Buch endlich veröffentlicht.

Ihr könnt euch vielleicht vorstellen, was dieser Post mit dem Bild auf Facebook für einen Hype auslöste. Es dauerte keine Minute und die ersten Reaktionen in Form von den typischen 'Daumen hoch Likes' und der erste Kommentar von meiner Schwägerin „yeah!!!" waren ein kleiner Tropfen von einer großen Flutwelle, die ich mit der Veröffentlichung losgetreten habe. Zu dem Foto schrieb ich:

„Ihr Lieben!
Nach nun fast einem Jahr Arbeit darf ich euch ganz stolz mein Werk vorstellen. Ich habe meine Geschichte in ein kleines Buch gefasst und hoffe, dass es Anklang findet. Noch viel zu wenige wissen, was ALS genau ist, und ich wollte auch anderen Erkrankten erzählen, wie es ist, mit dieser Krankheit zu leben.
Das Buch kann man über das Internet oder eine Buchhandlung bestellen. Es ist schon ziemlich privat, aber auch mit dem Humor, den ich nicht verloren habe. Gerne auch teilen. "

Ende Juli, kurz vor den Sommerferien, war dann noch die Abschlussfeier meines Sohnes und es war sehr bewegend für mich. Ich wäre nur zu gerne dabei gewesen, doch aufgrund der Pandemie, durfte jeder Schüler von nur zwei Personen begleitet werden. Und zudem wäre meine Anwesenheit für meinen Sohn etwas unangenehm gewesen. Zwangsläufig gilt mir erst einmal ziemlich viel Aufmerksamkeit, wenn ich irgendwo auftauche, und mein Sohn steht nicht gern im Mittelpunkt.

Von daher war es gut so, wie es war, und mein Bruder schickte mir immer wieder kleine Aufnahmen. So konnte ich mich doch ein klitzekleines bisschen zugehörig fühlen.

Verrückt! War er nicht eben erst auf die weiterführende Schule gewechselt? Was mich unheimlich stolz macht, ist, dass er trotz des Päckchens, welches er mit sich trägt, die ganzen Jahre nie sitzen geblieben ist. Und es war ja auch für ihn nicht leicht. Hier muss ich jetzt noch einmal ein dickes Dankeschön loswerden, da mein Sohn auf dieser Schule bleiben durfte. Was keine Selbstverständlichkeit war. Es gab ihm große Sicherheit, weiterhin seine Freunde und Klassenkameraden um sich zu haben. Sie begleiten ihn schon von Anfang an und wissen um seinen Hintergrund. Jetzt hat er einen Ausbildungsplatz gefunden, in dem Bereich, den er favorisierte, und fiebert dem Start im September entgegen. Kann man sich etwas Besseres für seine Kinder wünschen?

August 2021

Die Menschen da draußen waren anscheinend froh, endlich etwas von mir zu hören und zu sehen. Die Hemmschwelle, mich zu kontaktieren, war zuvor riesig gewesen, wie ich aus den Gesprächen erfahren habe.

Das hat sich jetzt geändert. Ich muss dazu sagen, dass ich nicht vielen Menschen erzählt habe, dass ich meine Geschichte aufschreibe. Am Anfang war das Schreiben ja eher als Tagebuch für mich gedacht, um den ganzen Mist irgendwie verarbeiten zu können. Ich musste zunächst also, bevor der Artikel erschien und ich es bei Facebook gepostet habe, noch ein bisschen Aufklärung innerhalb meiner Familie leisten. Mein Bruder wusste, dass ich zwischendurch immer mal wieder was geschrieben habe, aber er hat mit niemandem großartig drüber gesprochen. Wie gesagt, war es zunächst nur zur Therapie gedacht und weit von einem Buch entfernt. Auch mein Sohn wusste selbstverständlich Bescheid. Ihm hatte ich auch schon einzelne Abschnitte zum Lesen gegeben. Schließlich ist es auch ein Großteil seines Lebens, das ich hier in die Öffentlichkeit trage. Meinem Vater präsentierte ich jetzt auch das Werk und erzählte ihm, wie die Idee zustande kam. Meine Cousine wusste z. B. auch nicht, dass ich in den letzten

Monaten meine Geschichte zu Papier gebracht hatte. Dementsprechend groß war die Überraschung, als ich ihr ein Exemplar überreichte. Als dann noch der Artikel in der Zeitung erschien, war die Aufregung groß. Bei meinem Schwiegervater wollte ich sehr behutsam vorgehen. Vor wenigen Wochen war meine Schwiegermutter ganz plötzlich verstorben. Das war für ihn und die ganze Familie ein Schock. Sie hatte zwar Demenz, aber noch nicht so weit fortgeschritten, dass ein Ableben in nächster Zeit zu erwarten war. Sie ist eines morgens einfach nicht mehr aufgewacht. Wenn es nicht so traurig wäre, finde ich, dass das die schönste Art ist, die ewige Ruhe zu finden. Ich würde es mir für mich wünschen. Eigentlich habe ich vor dem Tod selbst keine Angst. Eher vor dem Weg dorthin. Auch wenn ich weiß, dass man genügend Medikamente hat, um den Sterbeprozess „erträglich" zu machen. Ein gewisses Unbehagen bleibt. Ich habe mich schon einmal mit einem Palliativ-Dienst unterhalten, als die Frage des Tracheostomas im Raum stand, aber wie gesagt, übrig bleibt ein mulmiges Gefühl in der Magengegend.

Die Veröffentlichung meines Buches löste allerdings eine noch weitaus größere Welle der Begeisterung aus, als ich es mir je hätte vorstellen können. Wahnsinn, wie schnell sich das verbreitete. Aber gut. Ich wollte es ja so. Ich kam die ersten Tage nach der Veröffentlichung kaum hinterher, die Kommentare zu lesen. So schön! So berührend.

Ich bin heute noch tief bewegt, wenn sich jemand bei mir meldet. Egal woher wir uns kennen... oder auch nicht kennen. Es treten auch viele Betroffene oder Angehörige von Erkrankten mit mir in Kontakt und erzählen mir ihre Erfahrungen mit dem Leben mit ALS. Ein Beweis dafür, wie wichtig und wertvoll es war, mit dem Thema an die Öffentlichkeit zu gehen.

Die ersten Tage beziehungsweise zwei oder drei Wochen seit der Veröffentlichung, waren so aufregend. Ich konnte fast stündlich neue Kommentare, Emails oder Nachrichten bei WhatsApp abrufen. Das Buch verkaufte sich rasant. So kam es, dass eine Buchhandlung sich bereiterklärte, ein paar Exemplare auf Lager zu legen. Mein Bekannter kennt die Besitzerin des Ladens, da er selbst nebenher schreibt, und hatte mit ihr zuvor gesprochen. Deswegen hielt ich es auch in einigen Worten und einem Bild wieder fest:

„Hallole!
Mein eigener Buchaufsteller in der Buchhandlung.
Danke, danke, danke! Wahnsinn!
Ich bin sehr glücklich und stolz, dass ich mit meiner Geschichte so viele Menschen schon erreichen konnte. Bei der durchweg positiven Resonanz, die ich erhalten habe, habe ich wieder festgestellt, wie wichtig es ist, dass dieser Krankheit wieder mehr Aufmerksamkeit geschenkt wird."

Anfang August war dann das Interview mit dem Reporter der örtlichen Presse, das Thorsten mir organisiert hatte. Ich kenne ihn auch flüchtig aus der Jugend und bin sehr aufgeregt. Auch Thorsten ist bei dem Termin dabei und ich freue mich riesig, ihn mal wieder zu sehen. Er hat mich bei meinem Buch unterstützt, ja, aber das ging alles per Mail oder WhatsApp. Getroffen haben wir uns allerdings die ganze Zeit über nie. Ich glaub, das letzte Mal, als ich ihn gesehen habe, war bei einem Konzert der Band, in der er Gitarrist ist. Vor allem war da meine Welt noch in Ordnung. Das Treffen verlief dann entspannter als ich dachte. Die beiden Herren machten es mir auch leicht, durch ihre lockere, unkomplizierte Art und meine Aufregung verflog schnell. Fleißig gab ich Antworten auf die Fragen.

Eine Woche später erschien der Artikel und erreichte nun auch eine Vielzahl von Menschen, die nicht unbedingt auf den sozialen Netzwerken unterwegs sind. Sogar mein Vater wurde daraufhin in der Stadt beim Einkaufen schon angesprochen.
Sie sind alle sehr stolz auf mich. Aber ich... ich bin immer noch überwältigt von dem Rummel um meine Person. Aber es tut gut. Richtig gut!!!

Sie hat ihren Frieden mit dem Feind gemacht

Vor sechs Jahren bekam Caroline Reznik die Diagnose „ALS" – Mit ihren Augen hat sie ein Buch über „Sterben in Zeitlupe" geschrieben

Von Heiko Schattauer

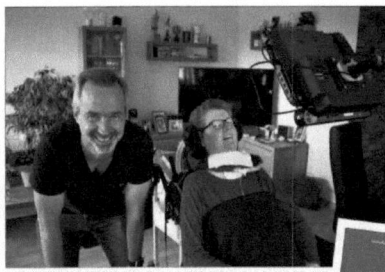

Hüffenhardt. Das Schicksal ist nicht unbedingt ihr bester Freund. Im Grunde hat Caroline Reznik in den ersten 45 Jahren ihres Lebens so viele Schicksalsschläge hinnehmen müssen, dass es für drei oder vier ganze Leben reichen würde. Ihr wurde unvorstellbar viel genommen, doch ihren Lebensmut, ihren Optimismus, ihren Humor – das kann ihr nichts und niemand nehmen. Caroline sitzt im Rollstuhl ihrer Wohnung in Hüffenhardt, leise, aber kontinuierlich arbeitet das Beatmungsgerät, über einen Schlauch im Hals wird sie mit Sauerstoff versorgt. Die amyotrophe Lateralsklerose (ALS) hat inzwischen nahezu jeden Muskel ihres Körpers gelähmt, ihren Geist konnte die fiese Krankheit noch nichts anhaben. Auch die Augen sind hellwach, über einen Kommunikationscomputer steuert sie mit ihnen den Sprachcomputer, der uns dann mit einem freundlichen „Hi, schön, dass Ihr da seid" begrüßt. Schon die ersten Augenblicke – im wahrsten Wortsinn – unserer Begegnung sind bewegend.

Mit in Hüffenhardt ist Thorsten Peter aus Haßmersheim, der Caroline bei den „Projekt" unterstützt hat, das uns nun zusammenführt. Auch für ihn ist er der erste Besuch, in den vergangenen Wochen hatte er zwar viel Kontakt mit der 45-Jährigen, aber eben ausschließlich über E-Mail oder WhatsApp. Auch Peter, der in seiner Freizeit schon mehrere Kinder- und Jugendbücher geschrieben und veröffentlicht hat, ist sichtlich bewegt, dabei kennt er die ganze Geschichte von Caroline Reznik schon. Denn er hat schließlich aufgeholfen, sie aufzuschreiben. „Ich bin Thorsten sehr dankbar dafür", sagt die 45-Jährige. Vor geraumer Zeit hatte sie sich an den Haßmersheimer gewendet: „Ich kenne ihn noch von

früher und ich finde seine Bücher toll. Darum habe ich ihn einfach mal nach ein paar Infos gefragt." Das Ergebnis ist ein autobiografisches Werk mit dem einen Titel, der im Direkttext kaum zu überbieten ist: „ALS – Sterben in Zeitlupe".

Spätestens jetzt ist klar: Caroline Reznik geht ebenso offen wie bemerkenswert mit ihrem Schicksal, ihrer Krankheit, die nach wie vor unheilbar ist, um. Nach und nach versagen bei einem ALS-Erkrankten sämtliche Motoneurone, Stück für Stück geben alle Körperfunktionen verloren, „Ich bin 33 und mich trifft die Diagnose ALS wie ein Schlag. War ich doch gerade wieder glücklich nach dem viel zu frühen Tod meines Mannes", schreibt Caroline Reznik in ihrem Buch rückblickend. Das war im November 2014, ein halbes Jahr nachdem sie einen Schlaganfall erlitten und sich von selbst

gern aber auch gut erholt hatte. Vier Jahre zuvor war ihr Mutter nach einem Schlaganfall im Koma gefallen, wenig später gestorben. Damit nicht genug: Im Juni des gleichen Jahres verlor der im Alter von 39 Jahren aufgrund eines (verschwiegenen) Herzproblems beim Radfahren tödlich verunglückte. „Es war Montag, der 28. Juni, es war 34 Jahre alt, plötzlich Witwe – und mein Sohn war mit knapp fünf Jahren Halbwaise", fasst Caroline Reznik zusammen.

Dass das Schicksal noch mehr böse Überraschungen für sie bereit hält, das sollte die ungläubige Arzthelferin nur wenig später schmerzlich erfahren. Bei der Reha nach ihrem Schlaganfall wurde ihr klar,

dass da noch was anderes sein muss, das da in der Tat noch etwas anderes ist ...

ALS – diese Krankheit hat das Leben von Caroline Reznik auf einen Schlag völlig verändert. Natürlich gab und gibt es dunkle Stunden, viel mehr, als man sich vorstellen mag. Aber sechs Jahre nach der Diagnose und einer immer weiter fortschreitenden Degeneration von Nerven und Muskeln, sagt die 45-Jährige auch: „Ich bin jetzt mit mir und meinem Feind ALS im Reinen!" Sie weiß, dass diese Krankheit ihr nicht nur (fast) alles nimmt, sondern auch ihr Leben maßgeblich verkürzen wird. „Ich bin inzwischen selbstbewusst genug, mit all dem an die Öffentlichkeit zu gehen", sagt Caroline Reznik. „Ich will den Leuten auf vermittelte: Es ist okay. Ihr könnt mich darauf ansprechen. Ich freue mich sogar darüber!" Das erste Feedback auf ihr Buch, das ausschließlich den Untertitel „Humor ist, wenn man trotzdem lacht" trägt, bestätigen sie, dass es der richtige Weg war, sich die Dinge von der Seele zu schreiben. „Und wenn es mir zu viel wird, dann kann ich das auch sagen", versichert Caroline in Bezug auf mögliche weitere Reaktionen. Um dann mit dem eingangs erwähnten, nicht zu degenerierenden Humor anzufügen: „Ich hab' ja sonst nicht so viel zu tun". Auch uns scheint es zum Abschluss des Besuchs noch einmal ein Lächeln – und ein Gefühl, das ebenso bewegend wie beeindruckend ist.

Humor kann selbst eine furchtbare Krankheit wie „ALS" nicht zerstören: Caroline Reznik hat mit Unterstützung von Kinderbuchautor Thorsten Peter ein bewegend offenes Buch „Sterben in Zeitlupe" geschrieben. Foto: Heiko Schattauer

ALS – Sterben in Zeitlupe

Mitte August habe ich Geburtstag. Früher habe ich sehr gerne gefeiert. Heute ist es für mich eher nur eine willkommene Abwechslung. Ich bin ziemlich platt, wenn ich Besuch hatte. Ok, das war vor der Erkrankung auch so, doch das hatte andere Gründe… ihr wisst, was ich meine. Bei Facebook kam ein großer Schwall an Glückwünschen und ich bedankte mich mit einem Foto… ich finde, ich sehe richtig gut aus (Typisch für mich und meinen Galgenhumor. Ich kann sehr gut über mich selbst lachen…)

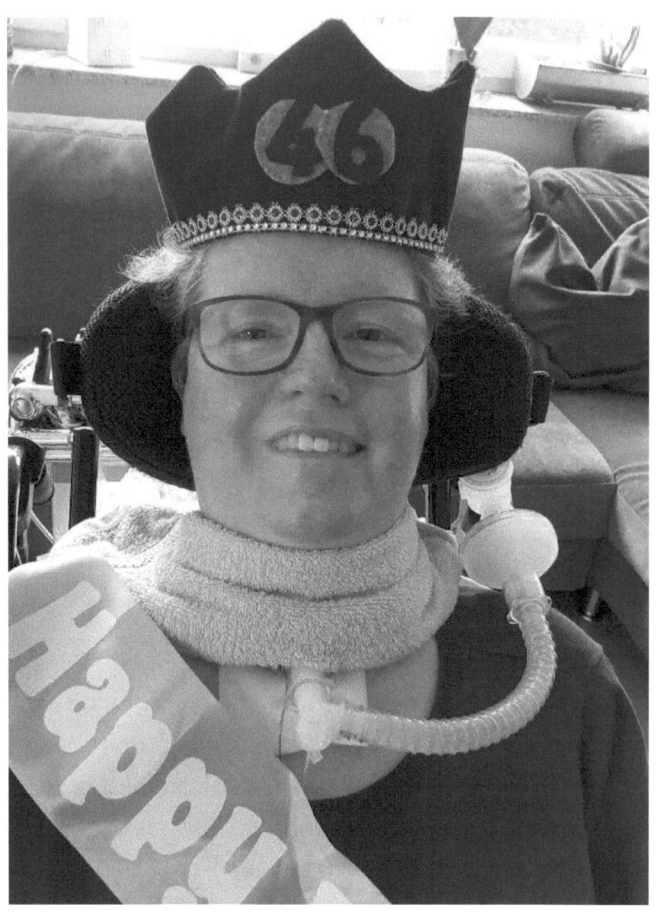

Der Nachtdienst überraschte mich mit einer Dekoration meiner Wohnung, mit Luftballons und Luftschlangen und als wäre es nicht genug, bekam ich das Krönchen und die Schärpe.

*„Ein herzliches Dankeschön an alle die heute an mich ge-
dacht haben. Auf dem Foto seht ihr, wie man aussieht,
wenn man den Pflegern ausgeliefert ist. Da braucht man
keine Feinde... Danke. Es war ein sehr schöner Tag für
mich."*

Mein Physiotherapeut und sein Team haben einen kleinen Beitrag über mich, beziehungsweise über ALS, auf
ihrer Seite gezeigt.

*„Guten Morgen ihr Lieben!
Heute wenden wir uns mit einem fachlichen Thema an
Euch.
ALS - ausgesprochen Amyotrophe Lateralsklerose ist
eine schwere Erkrankung des zentralen und peripheren
Nervensystems. Die Erkrankung betrifft fast ausschließ-
lich das motorische System, heißt: der Verlauf geht über
unwillkürliche Muskelzuckungen, Muskelschwund bis
hin zur Muskelschwäche an den Extremitäten (Arme &
Beine) und der Atemmuskulatur.
Wir Physiotherapeuten haben daher in unserem Berufs-
alltag nicht nur mit orthopädischen Erkrankungen/Ver-
letzungen zu tun, sondern auch mit neurologischen
Problemen. Unsere, von dieser Krankheit betroffene Pa-
tientin Caroline Reznik, hat zu diesem Thema ein Buch
„ALS - Sterben in Zeitlupe" verfasst. Trotz ihrer vielen
Schicksalsschläge hat sie ihren Humor, ihren Lebensmut
und ihren Optimismus nie verloren.*

An dieser Stelle ein dickes Danke an dich Caro, dass wir das hier mit unseren Followern teilen dürfen. Wer also mehr über Caro, ALS und ihren damit verbundenen Lebensweg wissen möchte, sollte sich dieses Buch nicht entgehen lassen
Liebe Grüße von Eurem Vital Zentrum Früh&Gottwald GmbH aus Aglasterhausen!"

Das hat mich sehr gefreut. Das Team ist einfach klasse.

September 2021

Heute besuchte mich eine Freundin und Kollegin meiner Mutter. Auch sie gehört zu denen, die auf mein Buch über den Zeitungsartikel aufmerksam wurden.

Ich kann euch sagen, dieser Besuch war an Emotionen kaum zu übertreffen. Meine Mutter ist vor einigen Jahren ganz plötzlich, innerhalb weniger Tagen, nach einem Schlaganfall verstorben. Sie fand also meine Telefonnummer raus und sprach zunächst mit meinem Pfleger. Er gab ihr meine Handynummer und so konnte ich mit ihr über WhatsApp schreiben. Das ist ja noch nicht so selbstverständlich, dass man ab einem gewissen Alter diese Medien verwendet. Aber auch sie ist jung geblieben, wie Mama es war, und wir freuten uns auf dieses Treffen. Der erste Kontakt über WhatsApp war ihrerseits noch sehr vorsichtig. Sie fragte mich, ob ich mich überhaupt noch an Sie erinnern würde und wie sie sich bei Ihrem Besuch verhalten solle.

Diese Frage, ob ich mich noch an Sie erinnere, fand ich etwas sonderbar. Wir kennen uns seit ich klein war. Als ich noch mal darüber nachdachte, wurde mir allerdings wieder einmal klar, dass man ja viel zu wenig über ALS weiß. Auch heute noch findet man im Internet „nur", dass die Lebenserwartung sehr verkürzt ist oder etwas zwischen drei bis fünf Jahren ab Diagnosestellung liegt. Das Oberstübchen funktioniert einwandfrei. Ich bekam die Hiobsbotschaft vor etwas über acht Jahren und die Forschung ist nicht wirklich weiter. Leider. Bei der ALS versagen nach und nach sämtliche Fähigkeiten und Fertigkeiten, aber der Kopf funktioniert. Ich bin sozusagen gefangen im eigenen Körper.

Eine kurze Beschreibung, wie ich es bisher mit meinen Besuchern gehandhabt habe, gab ihr etwas Sicherheit und ich konnte sie beruhigen. Meine Sorge bei jedem Besuch der ansteht, ist die berühmte peinliche Stille, die entstehen könnte. Ihr müsst bedenken, dass ich einige Zeit brauche, bis ich etwas geschrieben habe. Zudem muss ich ja, um zu schreiben, auf den Bildschirm starren, was ich sehr unhöflich finde. Ja, ich weiß ich weiß. Vielleicht ein dummer Gedanke von mir, aber ich empfinde es so. Aus diesem Grund überlege ich mir meist vorher schon ein paar Fragen oder ein Thema über das wir uns unterhalten könnten. Für dieses Treffen habe ich mal meinen Laptop nach alten Fotos von meiner Mutter durchsucht. Ich liebe es sowieso, in Erinnerungen zu schwelgen. Der bevorstehende Besuch rief so viele Erinnerungen wach. Auch bei ihr. Als es dann soweit war, begrüßte ich sie mit einem fröhlichen: „Hallo, grüß dich!" Das heißt, so fröhlich es eben mein Sprachprogramm von sich gibt. Das Teil hat wirklich kaum bis gar keine Emotionen in der Stimme. Wir verdrückten ein paar Tränchen. Was völlig okay war. Dann legte sie mir freundschaftlich ihre Hand auf meinen Arm. Sofort spürte ich eine fast vergessene Vertrautheit und ich musste erneut ein Tränchen loswerden.

Ich habe ihr im Vorfeld schon gesagt, dass ich es gut finde, wenn sich meine Besucher so neben mich setzen, dass sie mit auf meinen Bildschirm schauen können. So kann diese Stille, die ich meine, zumindest ein wenig überwunden werden, wie ich finde. Zudem kann man mich gerne beim Schreiben und Antworten unterbrechen, wenn klar ist, was ich sagen möchte. Es ist ja nicht so, dass die Kommunikation mit diesem Gerät so ist, als würde ich ein Buch lesen. Gerade wenn ich viel erzählen möchte. Nach ungefähr einer Stunde brauche ich etwas Augenpflege. Dabei kann es auch vorkommen, dass ich für zehn Minuten richtig einschlafe. Es geht doch nichts über ein gutes Powernapping. (Übersetzt bedeutet Powernapping ein kurzer energiereicher Schlaf. Gemeint ist dabei allerdings kein richtiges Einschlafen, sondern eher ein kurzzeitiges Wegnicken. Daher dauert ein richtiger Powernap auch nicht sehr lange, sondern nur wenige Minuten). Tatsächlich ist es meist so kurz, dass es nicht einmal meine Pfleger bemerken.

Übrigens hatte sie die gleiche Idee wie ich und brachte ein paar Fotos von ihr und Mama mit. Ich musste schlucken und wieder kullerten ein paar Tränen. Sie fehlt halt. Auch nach dieser langen Zeit noch. Das Treffen war also sehr, sehr schön und wir blieben in Kontakt.

Nach so einem Besuch brauche ich Ruhe. Viel Ruhe!

Das ist so etwas, das mich sehr belastet. Die, die mich kennen, wissen, wie schlimm es für mich ist, von dieser Krankheit dermaßen ausgebremst zu werden. Ruhe war NICHT mein zweiter Vorname. Sehr schade, aber ich bin froh, dass es mir sonst ganz gut geht. Ich habe kaum Schmerzen. Allerdings musste inzwischen die Armauflage an meinem Rollstuhl in eine weichere getauscht werden, um ein Wundliegen zu vermeiden. An den Armen und Beinen habe ich mittlerweile keine Reserve mehr, die mich vor dem so genannten „Dekubitus" schützen könnte.

Apropos Ruhe. Ende September gab es ein Konzert von einer Band, die sich schon in jungen Jahren zusammengetan hatte und ich habe die Konzerte immer gerne besucht. Ist noch mal ein anderes Gefühl, wenn man die Leute kennt, die da auf der Bühne stehen. Leider ist es mir inzwischen nicht mehr möglich, solche Konzerte zu besuchen. Aber da ich die Band kenne, bat ich meinen Freund Thorsten (ihr erinnert euch), mir vielleicht ein bisschen was von dem Abend aufzunehmen. Das ist zwar nicht das gleiche Feeling, aber ich sehe es mir immer mal wieder an.

Es macht mich echt sprachlos, wie mein Buch angenommen wurde. Ende September bekam ich nämlich plötzlich eine Nachricht auf Facebook von einer mir völlig unbekannten Frau. Neugierig las ich, was sie geschrieben hatte und ich war sprachlos. Mein Buch hatte sich im August so gut verkauft, dass ich es auf Platz fünf der Bestseller Liste von BoD in der Kategorie Sachbücher, geschafft habe. Sie ist Journalistin bei buchreport und fragte, ob sie mich interviewen dürfe. Na klar! Ich meine Hallo!!! Ich einfache Frau, die sich zunächst nur mal den Frust von der Seele geschrieben hat. Da ist das doch ein riesen Ding. Ich gab ihr meine Mail-Adresse und wartete gespannt auf das, was mich erwarten würde. Buchreport ist eine meinungsbildende Fachzeitschrift für die gesamte Buchbranche in Deutschland, Österreich und der Schweiz. Auch im nichtdeutschsprachigen Ausland wird buchreport bei Verlagen, internationalen Filialisten und Medienkonzernen als wichtiges Informationsmedium geschätzt. Alles sehr aufregend für mich.

Und immer noch irgendwie surreal. Surreal schön!

Oktober 2021

Inzwischen ist es Oktober geworden und ich bin ein bisschen aufgeregt, weil ich jetzt endlich das neue Baby unserer Familie kennen lernen werde. Mein Bruder und seine kleine Familie dürfen jetzt Ihren Hundenachwuchs abholen. Wenn es die Zeit hergegeben hätte, hätten mein Mann und ich auch einen gehabt. Doch das war zeittechnisch wirklich nicht möglich. Ich finde eben, dass so eine Anschaffung gut überlegt sein will. Umso mehr freut es mich, wenigstens jetzt ab und zu mal eine Fellnase zu knuddeln. Mein Bruder schickte mir schon seit der Geburt Fotos und kleine Aufnahmen und ich finde den sooo süüüüß! Als mein Bruder dann zum ersten Mal mit ihm bei mir war, war es um mich geschehen. Das hatte ich nicht erwartet, einfach herzallerliebst. Wir legten mir eine Decke über die Beine und setzen ihn auf meinen Schoß. Natürlich wurde alles mit einem Foto festgehalten und ich ließ meine Community via Facebook daran teilhaben:

„Ihr Lieben, jetzt ist es raus…Ich bin verliebt. Wir kennen uns seit ein paar Wochen nur von Fotos und heute hat uns meine Schwägerin einander vorgestellt.
Das ist Sam! Seines Zeichens Labrador-Ridgeback-Mischling und wohnt seit letzter Woche bei meinem

Bruder. Leute ich sag euch: So hat mich schon lang keiner mehr abgeschlabbert. Willkommen in der Familie Süßer!"

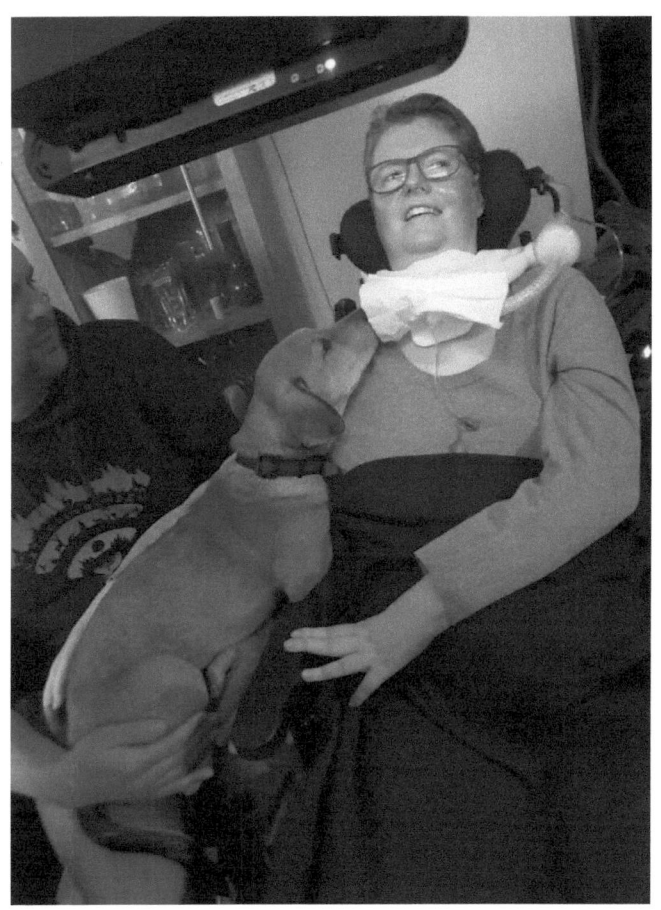

Die Reaktionen waren widererwarten großartig und ich freue mich auf noch viele weitere Besuche.

Ende September kam der Bericht über mich und mein Buch in der Zeitschrift buchreport:

BOD-BESTSELLER
Caroline Reznik schreibt über ihr Leben mit ALS

Caroline Reznik ist 38 und hat gerade erst den frühen Tod ihres Mannes verarbeitet, als sie die Diagnose ALS bekommt. Die Motoneuron-Krankheit ist eine nicht heilbare, degenerative Erkrankung des motorischen Nervensystems, die schlussendlich zu Atemversagen führt. Trotz allem ist das Leben lebenswert und man kann auch mit verkürzter Lebenserwartung zufrieden sein, sagt Reznik.

Wie sie zu dieser Einstellung gekommen ist und mit ALS und ihrem 15-jährigen Sohn lebt, schreibt sie in Ihrem Buch „ALS – Sterben in Zeitlupe". Der Titel steht auf Rang 5 der BoD-Bestsellerliste für den August. Bei buchreport erzählt sie von der Entstehung des Sachbuchs:

Worum geht es in Ihrem Buch?
Das Buch erzählt mein Leben mit der Diagnose ALS und wie ich trotz mehrerer Schicksalsschläge den Lebensmut nicht verloren habe.
Wie entstand die Idee zum Buch?

Die Idee kam mir, als der Azubi meines Pflege-Dienstes meine Historie in den Unterlagen gelesen hatte und meinte: „Du kannst eigentlich ein Buch schreiben, bei dem was du schon alles erleben musstest." Der Gedanke lies mich nicht los und in der Langeweile des Lockdowns begann ich meine Geschichte aufzuschreiben.

Für wen eignet sich das Buch als Lektüre?
Das Buch eignet sich für Menschen die sich für die Krankheit ALS (Amyotrophe Lateral Sklerose) und Schicksalsschläge interessieren.

Wie erreichen Sie Ihre Leser?
Die Leser finden mich bei Facebook. Instagram ist noch in Arbeit.

So können Buchhändler Sie erreichen.
Ansonsten erreicht man mich über meine Mail-Adresse: caroline.reznik@gmx.de

Dazu reichte ich ihr das Foto von mir mit meinem Buch, welches ich schon bei Facebook gepostet hatte, zur Veröffentlichung. Es ist ein überwältigendes Gefühl, sich in den öffentlichen Medien zu sehen und der Rummel um mich ist auch jetzt für mich noch unbeschreiblich. Es war noch nie mein Ding, im Mittelpunkt zu stehen. Egal, ich habe es ja zum Glück selbst in der Hand, was und wieviel ich mir zumute. Die Journalistin sagte mir noch, dass ich den Artikel über mich jetzt dann gegen Ende Oktober auch für jeden zugänglich machen darf. Das behielt ich mal im Hinterkopf. Im Moment war ja auch unabhängig davon schon so viel los auf meiner Seite und ich komme kaum nach, meine Post zu erledigen.

Im Oktober hat auch meine beste Freundin Geburtstag und ich überlege schon eine ganze Weile, was ich ihr schenken könnte. Als meine Welt noch in Ordnung war, habe ich ihr gerne einen schönen Abend geschenkt. Pizza essen gehen oder auf ein Konzert von unseren Bekannten oder so was. Hauptsache mal Spaß ohne Kinder. Aber jetzt? Naja, ich habe noch etwas Zeit, etwas Passendes zu finden.

So schade, dass ich nicht einfach so mit ihr weggehen kann. Doch das tut unserer Freundschaft keinen Abbruch. Sie besucht mich und wir schreiben regelmäßig unregelmäßig und haben auch so unseren Spaß. Bei wahrer Freundschaft gibt es eben keine Barrieren. Als könnte er Gedanken lesen, schrieb mir Thorsten, dass sie gerne für mich zu Hause spielen wollen. Ein exklusives Wohnzimmerkonzert! Der Hammer, oder? Ich war baff. Und wieder einmal liefen die Tränen. Ich war so gerührt. Natürlich war ich einverstanden und wir fanden auch zügig einen Termin. Er sagte, dass ich gerne ein paar Freunde einladen kann, so wie es platztechnisch eben möglich ist. Das ließ ich mir nicht zweimal sagen und schrieb sofort meinem Bruder. Das war auch für ihn ein großes „Hallo" und er schlug direkt vor, sich quasi um das Catering zu kümmern. In vier

Wochen sollte es so weit sein. Also genug Zeit zum Planen.

Außerdem würde ich meine Freundin überraschen. Ich schrieb ihr, dass sie im Dienstplan gucken soll und wenn möglich tauschen oder freinehmen sollte. Ich habe etwas geplant und sie möchte doch bitte an diesem Abend zu mir kommen. Thorsten schickte mir noch eine Liste mit Liedern aus ihrem Repertoire von denen ich mir einige aussuchen durfte. Das rief wieder Erinnerungen hervor und ich spürte plötzlich, dass dieser Abend für mich und meine Freundin eine ganz große Bedeutung haben würde. Aber diesen Hintergrund kannten nur wir. Er konnte ja nicht wissen, dass wir erst vor wenigen Wochen so bittere Tränen vergossen hatten. Und auf Grund dieses Gefühls, kam mir die Idee für das Geschenk. Ich schlug ihr vor, ein kleines Freundschafts-Tattoo machen zu lassen. Ich weiß nicht, was die Zukunft noch für mich bereithält und so hat sie ein kleines Andenken an mich für immer. Sie ergriff sofort die Initiative als ich ihr an ihrem Geburtstag die Idee übermittelte. Ein Motiv war schnell gefunden. Ein Schmetterling. Sie hat welche auf dem Rücken und mir gefällt es auch. Sie überließ mir auch die Platzierung. Ich wählte die Innenseite des rechten Unterarms. Diese Stelle sehe ich am häufigsten. Jetzt blieb noch ein wichtiges Detail zu klären. Würde der Tätowierer überhaupt zu mir kommen? Er sagte sofort zu. Ein ganz besonderer Mensch mit einem ganz besonderen Herzen.

Und so kam es zu einem Termin für Februar. Liebe Leute, ich bin jetzt schon aufgeregt. Mal schauen. Ihr werdet es hier noch erfahren.

November 2021

November! Nicht unbedingt mein Monat seit ich krank wurde. Erstens hatte mein Mann Anfang des Monats Geburtstag, was mich sehr traurig stimmt. Er starb vor knapp zwölf Jahren an den Folgen einer Lungenembolie und wurde nur 39 Jahre alt. Zweitens bekam ich im November vor acht Jahren die vermaledeite Bestätigung der Diagnose ALS und drittens beginnt bekanntlich am 11.11. die fünfte Jahreszeit. Ich liebe Fasching, Fastnacht, Karneval! Es versetzt mir immer wieder einen Seitenhieb, weil ich nicht mehr aktiv daran teilhaben kann. Was mich aber nicht daran hindert, einen Kommentar dazu mit der Öffentlichkeit zu teilen:

Dazu versuchte ich mich, passend zum Thema, an einem kleinen Vierzeiler.

Heit fängt sie widder o, die närrische Zeit.
Des isch ebbes, was mich sehr frait.
Hab selwer gedanzt, bis rann de Schweiß.
Do, des bin ich, sellemols in rot weiß!
Zimmern Helau!

Ja, nix Weltbewegendes. Aber ich finde es lustig. Weiß nicht woher meine Neigung zum Fasching kommt, aber es liegt schon ein bisschen in der Familie. So war schon meine Oma früher in der Bütt. Meine Mutter hat gerne Lieder umgetextet, um mit dem Gesangverein aufzutreten, und meine Cousine tanzte in der Prinzen-Garde. Vielleicht deshalb? Mein Vater war sogar mal „Hofmarschall". Mein Bruder und mein Sohn haben allerdings mit der närrischen Zeit so gar nichts gemein. Dafür aber die Tochter meiner Cousine. Auch ein Patenkind von mir. Sie tanzt auch in der Garde. Hab wohl bisschen abgefärbt. Das verbindet uns auch schon seit ihrer Kindheit. Sie hat schon in der Mini-Garde mitgemacht, was es zu meiner Kindheit noch gar nicht gab. Leider. Ein schönes Gefühl, so eine Verbundenheit. Wenn ich so einen psychischen Durchhänger habe, wie häufig in dieser Jahreszeit, höre ich Musik.

„Kennt ihr das, es läuft eure Lieblingsmusik im Radio und Zack - gute Laune. Der Rhythmus geht quasi direkt vom Ohr in die Füße. Ich höre überwiegend rockiges und gerade kam Queen, "Bohemian Rhapsody". Herrlich!!! Vor allem, weil man meistens auch sofort eine Erinnerung damit verbindet, oder? Bei euch auch? Ich muss bei diesem Lied sofort an den Film "Wayne's World" denken. Ich feiere es! Daran können sich bestimmt einige von euch auch noch erinnern. Mich amüsiert außerdem, wenn meine Pfleger raten, warum ich jetzt so grinsen muss und ich wünsche allen jetzt, genauso ein Schmunzeln im Gesicht und den einen oder anderen fetten Ohrwurm. Ihr Lieben! Habt ein schönes Wochenende..."

So mein Post zu diesem Thema an meine Facebook Community. Es ist wirklich so. Zum Glück. Leider kann ich es nicht mehr so ausleben, wenn ich Musik höre, wie vor der Erkrankung. Ich gehörte zu der Kategorie "fremdschämen", wenn es darum ging, lauthals mit zu trällern und den Kopf kräftig im Takt zu schütteln. Zumindest wenn es nach meinem Sohnemann ging. War mir aber natürlich völlig Wurst. Könnt ihr euch ja denken. Das mit dem Rhythmus ist bei mir aber immer noch so. Nur verstehen meine Muskeln die Sprache des Rhythmus' nicht mehr. Ich höre ein Lied und sofort fühle ich mich bewegend, tanzend oder singend. Wisst ihr, wie ich meine? Es ist so schwer dieses Fühlen in Worte zu fassen, um sie zu verdeutlichen. Sehr, sehr schade. Aber Kopfkino ist auch nicht schlecht. Im Gegenteil, es ist auf eine ganz andere Art auch sehr schön. Und weil ich es gerade über Musik habe.

DAS Highlight des Jahres für mich. „Mein" Wohnzimmerkonzert stand an. Ich war so aufgeregt, dass ich fast Bedenken hatte, meine Beatmung macht mir einen Strich durch die Rechnung. Das kann bei Aufregung schnell passieren. Ich hatte mich dann aber doch im Griff. Zumindest was die Beatmung anging. Anders sah es mit der Gefühlswelt aus. Ich heulte als meine Familie kam, um alles zu richten. Ich heulte als meine Freundin kam, und ich heulte als die ersten Töne gespielt wurden. Dann aber hatten meine Tränen keine Chance mehr. Ich ließ mir spontan von meinem Pfleger etwas Lillet Wild Berrie in den Mund träufeln und ich hatte die Lacher auf meiner Seite. Mein Gesicht sprach wohl Bände. Nicht weil es mir nicht schmeckt, sondern weil ich diese Säure und das Prickeln einfach nicht mehr gewohnt bin. Ihr müsst euch nur mal einen Säugling vorstellen, der zum ersten Mal etwas anderes als die Muttermilch bekommt. Egal, was es ist, er verzieht zunächst einmal das Gesicht. Dass ich durch die Säure erst einmal wieder unendlich viel Speichel produzierte, war mir in dem Moment so was von... Hauptsache Spaß!

Egal, trotzdem lecker und ich genoss von da an den Abend in vollen Zügen. Es war ein unbeschreiblich schöner Abend. Auch an dieser Stelle noch mal ein dickes Dankeschön!

Natürlich ließ ich auch an diesem Event die Öffentlichkeit teilhaben:

„Ihr Lieben!
Wie sagt man so schön: Wenn der Prophet nicht zum Berg kommt... Es gibt Menschen, die reden und versprechen und es gibt Menschen, die einfach machen. So auch SMIRNOFF LIGHT und mein Wohnzimmer wurde kurzer Hand zur Bühne...
Es war mega!!! Solltet ihr mal einen Proberaum suchen... Ihr wisst ja wo ich wohne. Ich hatte einen super geilen Abend, den ich und meine Familie nie vergessen werden und das Grinsen werde ich noch gaaanz lange im Gesicht haben. Vielen vielen Dank!!"

Und weil wir es schon von Überraschungen und Geburtstagen haben: Mein Bruder wird im Januar 40 und ich habe mir gedacht, dass ich eine Präsentation mache mit Fotos von ihm und uns. Mit Musik und kleinen Videoclips und allem, was man so braucht. Einige von euch denken jetzt bestimmt, dass ich wieder sehr früh dran bin. Mag sein, aber ihr müsst bedenken, dass andere auch noch Zeit zum Fotos suchen benötigen. Ich kann es nicht leiden, andere eventuell für mein Vorhaben unter Druck zu setzen. Also lieber Zeit lassen und bei Bedarf noch mal erinnern. Für mein Vorhaben durchforstete ich schon länger sämtliche Aufnahmequellen unserer Familie und schrieb noch drei Freunde meines Bruders an, an die ich mich noch erinnerte, und fragte nach Bildern die nicht für die Öffentlichkeit bestimmt waren... Ihr wisst schon... Genau solche!!!

Sie ließen mich nicht im Stich und so hatte ich schnell eine ordentliche Auswahl zusammen. Aber das Procedere mit Fotos einfügen und Musik hinterlegen oder Videoclips zurechtschneiden ist für meine Augen schlichtweg zu anstrengend. Eventuelles Zoomen oder dergleichen bekomme ich nicht hin. Ich bat mein Patenkind um Hilfe. Sie hat zwischen den Jahren eh Urlaub und sagte mir zu.

Die Pflege

Es sind seit der Veröffentlichung meiner Geschichte nun drei Monate vergangen und mir wurde in den Kommentaren zu meinem letzten Buch oft gesagt, wie dankbar manche Betroffene oder auch Angehörige von Patienten mit ALS sind, dass ich auch beschreibe, welche Hilfsmittel mir beziehungsweise meinem Pflegeteam zur Verfügung stehen. Auch welche Problemchen auftreten können. Aus diesem Grund erzähle ich in diesem Kapitel von meinen Erfahrungen mit sämtlichen Hilfsmitteln, die ich im Laufe der Jahre benötigt habe. Leider habe ich mit ALS im Endstadium schon so einiges in Sachen Pflege und allem, was dazugehört, erlebt. Was ich damit meine, erfahrt ihr auf den nächsten Seiten.

Zunächst ein eher trockenes Thema. Anscheinend gibt es eine große Spanne, was das Engagement der Pflegekräfte in Sachen Beantragung von Hilfsmitteln angeht. Ich meine, klar, Bürokratie ist nicht jedermanns Sache und mitunter wirklich lästig. Doch sie sind es ja, die am Ende damit arbeiten müssen und sich Erleichterung verschaffen können. Deswegen ist mir die Kommunikation auch untereinander, sprich mit dem Pflegepersonal, meinem Bruder und mir, sehr wichtig. Nur wenn man miteinander redet, kann es funktionieren. Wie in einer Beziehung. Im Anfangsstadium war ich als Patient nicht immer einfach. Das war hauptsächlich meinen Ängsten geschuldet. Im Prinzip bin ich nämlich ganz umgänglich, glaube ich jedenfalls. Seitdem habe ich immer das Bedürfnis, mich erklären zu müssen. Erklären, warum ich was, wie im Umgang mit mir haben möchte. Jeder Mensch ist ja verschieden und die Pflege dementsprechend individuell. Das ist auch für das Pflegepersonal mitunter sehr anstrengend, wenn man sich noch nicht kennt. Zusätzlich kamen die Sorgen um meinen Sohn. Dass ich ihn hab weggeben müssen, war schrecklich für mich und dieser Schmerz sitzt heute noch tief in mir. Das kann wohl jeder nachempfinden. Auch wenn man selbst keine Kinder hat.

Wo war ich?

Genau. Die Pflege und die Hilfsmittel.

Zum Beispiel habe ich einen Lifter, der an Deckenschienen läuft, um mich von A nach B zu transportieren. Man hängt mich in ein Tuch und kann mich anheben.

Das Bild zeigt mich zu Beginn der Erkrankung mit noch deutlich stabilerer Körperspannung. Zum jetzigen Zeitpunkt sitze ich in diesem Tuch längst nicht mehr so aufrecht, sondern rutsche recht tief in das Tuch hinein. Deswegen verwenden wir aus praktischen Gründen auch diesen Bügel über dem Kopf nicht mehr, was aber für den Gebrauch keinerlei Einbußen darstellt.

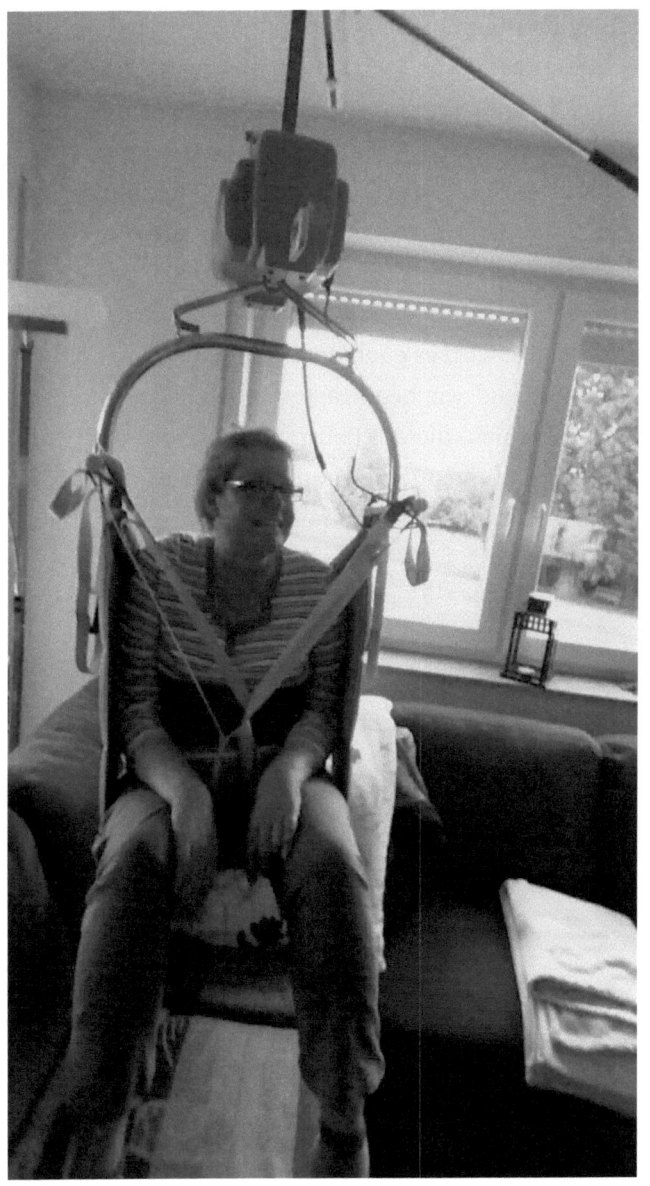

Zu Beginn mussten wir mit einem manuellen Lifter zurechtkommen, was zum einen für mich und für die Pfleger eine Tortur war und zum anderen war dieses Teil so sperrig und unhandlich, dass man in meinem Bad z. B. gar nicht zur Toilette oder in die Badewanne kam. Sollte eure Krankenversicherung diese Art Lifter nicht genehmigen, rate ich euch einmal mehr, sehr hartnäckig zu bleiben. Euer und der Rücken eures Pflegepersonals, wird es euch danken. Badezimmer ging so also nicht und wir beantragten eine „Badewanne fürs Bett". Für mich, die am liebsten duscht, wieder etwas, das mich wütend auf die Krankheit macht, weil sie mir einmal mehr ein Stück Freiheit nimmt.

Aber es hilft ja nix. Körperpflege muss sein. Zum Glück kam der Toilettenstuhl beziehungsweise Duschstuhl auch recht zeitnah, sodass ich mich unter die Dusche schieben lassen konnte beziehungsweise kann. Das praktizieren wir ja immer noch und das versuche ich auch so lange es geht. Inzwischen ist es zwar schon ziemlich anstrengend für mich, weil ich wie ein nasser Sack auf dem Stuhl sitze, aber das Unterfangen mit dem Baden im Bett ist nicht wirklich angenehmer. Entweder muss ich in dem Tuch des Lifters hängen, bis die Wanne wieder abgebaut wurde, oder ich werde hin und her gedreht, um die Wanne unter beziehungsweise hinter mir zusammenfalten zu können. Zudem müssen wir dann im Schlafzimmer heizen. Das dauert ewig, weil es eine Fußbodenheizung ist und das Zimmer grob geschätzt 15 Quadratmeter hat. Außerdem schlafe ich gerne kühl und das Fenster ist eigentlich immer mindestens gekippt, wenn draußen nicht gerade die nächste Eiszeit ausgebrochen ist. Das Bad hingegen... da muss ich nichts weiter zu sagen, oder? In diesem Sinne, genießt euer nächstes Vollbad.

Was? Wie das Wasser in die Wanne beziehungsweise ins Schlafzimmer kommt? Keine Sorge, die Zeit ist vorbei, in der man das Wasser mit Eimern in die Wanne füllen musste. Es gibt einen speziellen Anschluss für den Wasserhahn am Waschbecken im Bad und der Schlauch mit Brausekopf wurde auf Maß (Entfernung von Waschbecken zum Bett) bestellt. Und wieder raus kommt das Wasser mit der mitgelieferten Pumpe.

Wenn ich daran denke, wie das angefangen hat. Nach und nach verliert man sämtliche Fähigkeiten und Fertigkeiten und kann nichts dagegen tun. Irgendwann war es dann soweit, dass kleine Hilfsmittel nicht mehr ausreichten und man auf andere Hilfe angewiesen ist. Und ich rede jetzt nicht von einem kleinen Gefallen, den dir mal eben die Freundin machen kann. Sondern richtige Unterstützung bei allem, was man im Alltag so tut. Zu diesem Thema fällt mir noch ein liebes Mädel ein, die mit 17 Jahren MS (Multiple Sklerose) bekam und unermüdlich um ihre Selbständigkeit kämpft. Leider muss sie sich auch in vielen Bereichen schon der Krankheit geschlagen geben und ich habe ihr geraten, dass es in manchen Fällen besser ist, nachzugeben, als ständig frustriert zu sein oder Schmerzen auszuhalten. Ich kann sie aber nur zu gut verstehen. Erst recht in ihren jungen Jahren. Sie ist jetzt Anfang 30.

Ich bekam damals zunächst Unterstützung von einem ambulanten Pflegedienst, da meine Hände und Arme als erstes ihren Dienst quittierten. Das ist die „normale" Vorgehensweise. Es gibt einige kleinere Helferlein wie einen Griff für den Schlüssel oder eine Hilfe um verschiedene Verschlüsse zu öffnen. Aber diese brachten nicht lange Erleichterung. Irgendwann muss man sich leider eingestehen, dass es nicht mehr alleine geht, und man wird in einen Pflegegrad eingestuft. Man benötigt zunächst Hilfe bei wenigen Handlungen, was eben meist ein ambulanter Pflegedienst übernimmt, und dann geht alles seinen Lauf. Wenn es nicht so traurig wäre, fände ich es faszinierend, dass die Krankheit bei mir zunächst tatsächlich wie im Lehrbuch verlief.

Nämlich, dass zuerst die Extremitäten betroffen sind. Und zwar ließ die Kraft in der rechten Hand zu wünschen übrig und ich begann mit dem linken Fuß zu schlurfen. Dann kam der Verlust der Feinmotorik in der Hand hinzu und die Kraft im ganzen Arm ging flöten. Auffällig ist, dass es über Kreuz auftritt. Also rechte Hand linker Fuß. Dann linke Hand und rechter Fuß. Völlig typisch für die ALS laut Forschung. Außerdem gibt es die so genannte bulbäre Variante der ALS, bei der zuerst die Sprache, das Schlucken und die Atmung betroffen sind. Das ist häufig bei den Patienten mit fortgeschrittenem Alter der Fall, wie ich bei meiner Recherche und in einigen Foren gelesen habe. Wie mir geschildert wurde, bleiben da oft nur wenige Monate und es ist ein fürchterlicher Kampf, den man im Grunde nur verlieren kann.

Als ich beim Stehen unter der Dusche immer unsicherer wurde, was durch die Seife natürlich noch gefährlicher war, besorgten wir zunächst einen Hocker, der unten Saugnäpfe hatte. Das war dann wesentlich besser, doch nicht von langer Dauer. Fast zeitgleich mit dem Intensivpflegedienst, kam eben auch der Toilettenstuhl und ich musste mich wieder einmal der Krankheit geschlagen geben. Selbstverständlich ist es mit dem speziellen Stuhl wesentlich sicherer für mich. Dennoch wird mir jedes Mal wieder bewusst, wie hilflos ich doch geworden bin. Naja... safety first. Mit weiterem Voranschreiten war es dann nicht mehr zu verantworten, dass ich mit einer einzelnen Person in den Stand komme. Geschweige denn, mich dann auch noch in irgendeiner Form zu bewegen. Meine Gliedmaßen baumelten schon durch die Gegend wie die einer Marionette...dann eben mit Lifter.

Die ALS hat unter anderem leider einen recht rasanten Gewichtsverlust als Begleiterscheinung. Die Klinik riet mir deshalb schon ziemlich früh zu hochkalorischen Nahrungsergänzungsmitteln. Für mich zunächst ein völlig abstruser Gedanke. Hatte ich doch schon immer mit dem Gewicht zu kämpfen und 'Diät' war fast schon mein zweiter Vorname. Jojo-Effekt quasi mein Nachname.

Jetzt sollte also ausgerechnet ich übermäßig Kalorien zu mir nehmen? Never ever.... Ich bekam diese spezielle Nahrung zwar zugeschickt, konnte sie aber erfolgreich ignorieren. Eine Weile zumindest. Ich vereinbarte nämlich einen Termin bei der Ernährungsberaterin meiner Krankenkasse, die ich schon ein- oder zweimal, weit vor der Krankheit, während meines immerwährenden Kampfes gegen die Kilos, um Rat gebeten hatte. Außerdem las ich in den Foren, dass es wirklich gut sei, sich hochkalorisch zu ernähren. Das gab mir doch zu denken und sie riet mir ebenfalls dazu. Es war ein Gespräch mit vielen Tränen.

Schlussendlich gab ich mich geschlagen.

Schon wieder!

Trotzdem wollte ich mir nicht die ganze Laune vermiesen lassen und beschloss, das Essen zu genießen, das unter anderen Umständen mein schlechtes Gewissen auf den Plan gerufen hätte. Eine sehr gute Entscheidung, wie sich später noch herausstellen sollte. Ich genoss es in vollen Zügen. *Magnum white mit Joghurt und Erdbeeren.* Ein Träumchen. Oder die Lasagne meiner besten Freundin. Einfach nur lecker. Auch der Rotwein, den ich mir ab und an gönnte mit diversen Knabbereien, ließen mir ab sofort keine grauen Haare mehr wachsen.

Heute bin ich so froh, genau so gehandelt zu haben, und zehre nun von den angefutterten Pfunden. Ebenso trägt mich die Erinnerung an all die tollen Gerüche und Geschmäcker, die ich jetzt nicht mehr wahrnehmen kann. Ja, verrückt! Ich weiß noch ganz genau, wie die Dinge riechen und häufig kommt es mir so vor, als würde ich es tatsächlich riechen können. Wahnsinn so ein Gehirn, oder? Seit sechs Jahren schon, erfolgt nämlich meine Ernährung komplett über eine Sonde (PEG), da ich nicht mehr schlucken kann. Das ist ein künstlicher Zugang von außen durch die Bauchdecke in den Magen. Für die Sondenernährung gibt es eine Pumpe, an der die Geschwindigkeit eingestellt wird, wie schnell die Nahrung oder Flüssigkeit reinlaufen soll. Was ganz wichtig ist, auch Medikamente können dann über die PEG verabreicht werden. Per so genannter Bolusgabe. Eine Bolusgabe ist neben Schwerkraftsystemen und

Ernährungspumpen eine Möglichkeit, Sondennahrung zu verabreichen. Diese Nahrung wird dabei mithilfe einer Spritze verabreicht, die an die Sonde angeschlossen wird. Die meisten Medikamente gibt es nur in Tablettenform und müssen zerkleinert werden. Dafür haben wir einen Mörser. Eine feine Sache. Die Medikamente werden dann mit Wasser in genau solch einer Spritze aufgezogen. Ich habe damals nicht lange überlegen müssen, mir die Sonde legen zu lassen. Hunger ist scheußliches Gefühl. Zum Schluss habe ich nämlich nur noch Joghurt oder Pudding gegessen. Manchmal, an guten Tagen vielleicht noch eine herzhafte Brühe, die mit einem speziellen Pulver angedickt wurde. Zu dünn, sprich flüssig, ging natürlich nicht mehr. Die Gefahr mich zu verschlucken war einfach zu groß. Ich war so vorsichtig beim Essen, dass ich für einen Becher eine halbe Stunde gebraucht habe. Irgendwann habe ich sogar nur noch einen halben Becher pro Mahlzeit geschafft. Die Angst war zu groß und die Konzentration machte mich fix und fertig.

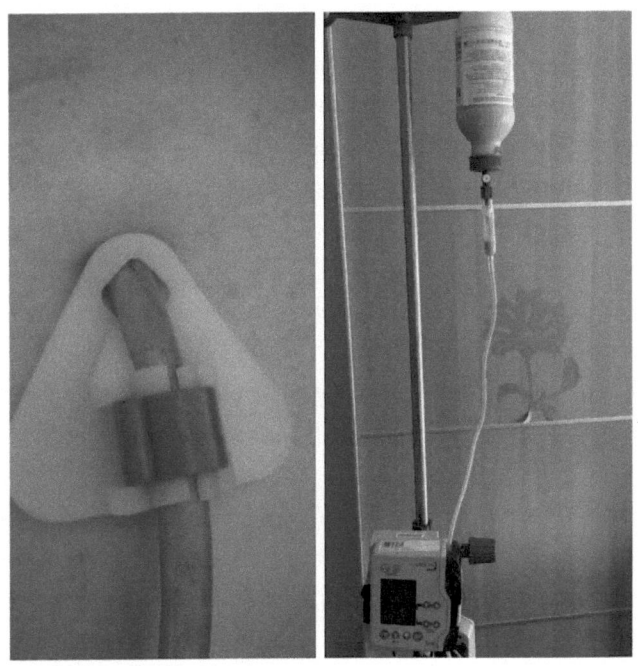

Foto Peg und Pumpe

Ich bin also bis auf Mikrobewegung des rechten Mund-
winkels, komplett gelähmt. Die komplette Lähmung
des Körpers (Locked-in-Syndrom) bezeichnet einen
Zustand, in dem ein Mensch zwar bei Bewusstsein, jedoch körperlich fast vollständig gelähmt und unfähig
ist, sich sprachlich oder durch Bewegungen verständlich zu machen. Komplett gelähmt heißt auch, dass ich
den Kopf nicht mehr halten kann. So wie bei einem
Neugeborenen. Man muss bei einem Transfer z. B. auf-
passen, dass der Kopf nicht nach hinten schlägt. Seit

einiger Zeit wird mir sogar schon schwindelig, wenn mein Kopf zu schnell nach vorne plumpst. Ein blödes Gefühl. Vor allem wenn das kurz vor dem Transfer passiert. Beim Transfer hänge ich ja schwebend und manchmal ein bisschen schwingend. Das fühlt sich häufig an, wie auf hoher See.

Letztens habe ich etwas sehr Schönes gelesen, von einem Mann mit ALS, dem ich schon länger auf Facebook folge. Könnte fast von mir geschrieben sein. Aber eben nur fast. Er schreibt wirklich sehr erfrischend:

„Die ALS und die damit verbundenen Umstände, gehören zu unserem Alltag. Wir führen ein normales Leben. Ansichtssache. Das Lachen ist uns noch nicht vergangen. Das Prinzip Hoffnung lebt...
...Natürlich gibt's auch dunkle Tage und ich bin nicht frei von Angst. Ich befinde mich in einer ausweglosen Situation und die Aussichten sind fatal. Das sagen Erfahrung und der Verstand. Aber eben nicht hoffnungslos. Und sei die Chance noch so klein, sie ist da und es lohnt zu kämpfen. Kampf bedeutet für mich, der Angst mit Mut Einhalt zu gebieten. Mut zu leben, Mut zu lachen, Mut Grenzen zu überwinden, Mut Belastungen zu ertragen."

So schön beschrieben, oder? Vielleicht komme ich im weiteren Verlauf nochmal auf ihn zu sprechen. Sein Lebenswille ist echt beeindruckend. Ich muss gestehen, dass ich mir gelegentlich den einen oder anderen Motivationsschub von ihm geholt habe. Seine Beiträge zeigen wieder, wie unterschiedlich die Verläufe der ALS sein können.

Weiter bei mir:
Seit fünf Jahren werde ich 24 Stunden am Tag beatmet. Dafür habe ich zwei Beatmungsgeräte, die wöchentlich gewechselt werden. Ebenso wie die Geräte, wird das ganze Zubehör jede Woche frisch gemacht. Außerdem wird die Trachealkanüle alle 14 Tage gewechselt. Das Wechseln ist meistens nicht schmerzhaft. Es wird ein schmerzlinderndes Gel (Xylokain) eine halbe Stunde vor dem Wechsel aufgetragen. Und für uns hat es sich bewährt, dass die Pfleger das Wechseln zu zweit machen. Der Vorteil, wenn die Pfleger zu zweit sind, ist, dass der eine steril bleiben kann, während der andere mit einfachen Handschuhen die alte Kanüle zieht. Sicher geht die Prozedur auch alleine. Muss ein Pfleger im Notfall ja auch können. Und dann? Ist der Pfleger alleine und müsste im Notfall Hilfe rufen... was würde in der Zwischenzeit mit mir geschehen? Zum Glück ist bei mir noch nie etwas Größeres passiert. Und alle sind entspannt, wenn die Pfleger zu zweit sind.

Eine weitere große Hilfe für die schwer geplagten Rücken eines Pflegers: Ein „Aufzug" fürs Leintuch. Patienten, die im Bett nach unten zum Fußende gerutscht sind, können mit dem so genannten 'StretchLif' wieder nach oben in Richtung Kopfende bewegt werden. Ohne Schmerzen für den Patienten und ohne Kraftaufwand für den Pflegenden. Da hat sich echt mal jemand Gedanken gemacht. Es ist ganz simpel und doch verschafft es so viel Erleichterung. Der Lift besteht aus einem standfesten, höhenverstellbaren Rahmen mit elektrisch angetriebener Transportwelle und wird einfach hinter das Kopfende des Bettes gestellt.

Ich liege auf einem vier Meter langen Transportlaken (dem Leintuch) und werde mit diesem einfach und schnell per Knopfdruck nach oben zum Kopfende hingezogen. Mich wundert es, dass dieser Leintuch-Lift noch so unbekannt ist. Ganz viele Aushilfen, die ab und an mal bei mir eingesetzt werden, kennen das nicht und sind begeistert. Verständlicherweise.

Ich finde sogar, man sollte die Pflegeheime direkt damit ausstatten. Aber das ist ja ein anderes Problem und ich möchte hier nicht näher darauf eingehen. Da bekomme ich nur unnötig Puls.

Mit meiner kleinen restlichen Mini-Bewegung, die ich zuvor schon mal erwähnte, betätige ich nachts eine Klingel. Diese Klingel hat einen Taster, der schon auf kleinste Berührungen anspricht, und ist an einem Ständer angebracht. Ähnlich wie ein Mikrofon-Ständer. Im Hintergrund zu sehen, auf dem Foto mit meinem Physiotherapeuten. Die Klingel ist dann einfach in die

Steckdose zu stecken. Hat zwei unterschiedliche Lautstärken und ein optisches Signal in Form von blinkendem Licht. Kann sich also jeder Pfleger einstellen, wie er sich von mir nerven lassen möchte. Außerdem ist es egal, in welchem Zimmer der Pfleger sich aufhält. Man kann es überall mit hinnehmen, wo es eine funktionsfähige Steckdose gibt. Eine Kleinigkeit gibt es allerdings an diesem Nerv-Teil zu bemängeln. Nämlich: Platziert man die Klingel zu nah und ich beispielsweise gähnen muss... genau, ertönt im Wohnzimmer die Fanfare. Dabei wollte ich ja nichts und die Pfleger kommen umsonst. Dann kann es zudem passieren, dass die Klingel hängt und fünf Mal ohne Unterlass bimmelt. Das heißt, man muss in jedem Fall nach mir schauen und die Taste eventuell wieder lösen. Sprich, es muss Licht gemacht werden, um nach dem Rechten zu sehen. Die andere Variante ist, sie steht nicht nah genug. Blöd! Passiert aber leider sehr oft. Es handelt sich dabei meist nur um wenige Millimeter. Das kann auch passieren, gerade im Tiefschlaf, wenn der Kopf eventuell noch etwas im Kissen versinkt. Schwupp, schon passt es nicht mehr. Bin ich eben beim Einstellen noch drangekommen, kann es leider nicht mehr so sein, wenn ich wieder aufwache. Für diesen kurzen Blick ins Schlafzimmer ist das Licht aus dem Flur völlig ausreichend und ich bekomme es nicht mit. So toll die Klingel auch ist, ganz glücklich sind wir damit nicht. Und da spreche ich jetzt nicht nur von mir.

Sollte jemand eine bessere oder andere Alternative wissen... Wir sind für alle Vorschläge offen.

Habe ich etwas vergessen? Ich glaube nicht.

Doch, das Waschen der Haare. Ich werde ja geduscht, wenn ich auf dem Toiletten- beziehungsweise Duschstuhl sitze. Der Stuhl lässt sich fast in die Waagerechte nach hinten kippen, sodass man die Haare mitwaschen kann. Aber es kommt ja vor, dass Frau gerne mal nur die Haare waschen möchte, ohne zu duschen. Dieses Thema hat auch Mario Barth vor Jahren mal herrlich lustig in seinem Programm aufgegriffen. Duschen mit Haare, also duschen. Und es gibt duschen ohne Haare und eben nur Haare. Für „nur Haare" habe ich ein Waschbecken fürs Bett. Dem einen Pfleger ist es lieber diese Variante zu nutzen. Mir persönlich ist es ziemlich egal, wie mir die Haare gewaschen werden. Soll jeder Pfleger für sich entscheiden, so lange es für mich nicht unangenehm ist. Allerdings ist bei dem Vorgehen mit dem Toilettenstuhl angebracht, das Oberteil auszuziehen. Es läuft doch viel Wasser hinten runter.

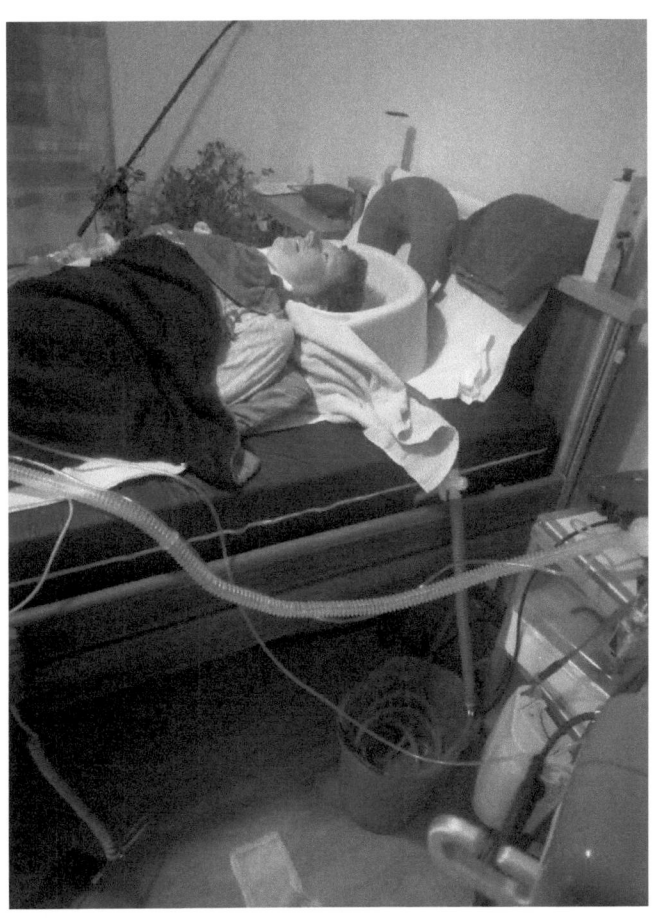

Dezember 2021

Es ist schon Dezember und morgen ist Nikolaus. Leider ist mein Sohn inzwischen zu alt für den Besuch des Nikolauses, aber immerhin hatte ich es geschafft, dass er wenigstens zwei Jahre lang richtig daran geglaubt hat und die Besuche sind uns lebhaft in Erinnerung geblieben. Wer das wohl war? Genau! Mein Bruder hat sich breitschlagen lassen. Ich habe von seiner großen Feuerwehrjacke Maß genommen und den Nikolausmantel in dickem Fleece genäht. Ich muss zugeben, dass ich mich damit fast übernommen habe. Mein „kleiner" Bruder ist stattliche 1,94 m und die Jacke dementsprechend groß. Außerdem nahm ich einen alten Schulatlas und band ihn in Gold Papier als goldenes Buch ein. Mit einem Jutesack war das Outfit dann komplett. Auch davon erzählte ich bei Facebook passend zum 6. Dezember:

„Ho ho ho!
Schon wieder 14 Jahre her, aber es war so schön. Du warst
so eine imposante Erscheinung und für deinen Lieblings-
neffen eine bleibende Erinnerung.
Danke kleiner Bruder. Ich hab dich lieb!"

Zum vierten Advent-Wochenende hat mein Vater mir
einen Tannenbaum besorgt. Er brachte ihn gemeinsam
mit meinem Sohn und Junior tobte sich beim Schmü-
cken aus. Ich ließ das Geschehen in einem Bild festhal-
ten, um es auch mit meinen Freunden auf Facebook zu
teilen. Ich schrieb:

„So, mein Haus Wicht(el) war da. Weihnachten kann
kommen. Dankeschön Großer."

Dieses Jahr will sich allerdings, trotz weihnachtlicher Dekoration, irgendwie keine richtig weihnachtliche Stimmung bei mir einstellen. Ich habe seit Längerem Probleme mit meinem Kommunikationsgerät. Genau genommen seit es im letzten Jahr getauscht wurde, weil mein ursprüngliches defekt war. Immer wieder sind die Reaktionen auf meine Augen verzögert, was es für mich unheimlich schwer macht, etwas zu schreiben. Selbstverständlich habe ich das Problem meinem Techniker beschrieben und es wurde zunächst ein stärkerer Akku installiert. Jedoch ohne großen Erfolg. Vielleicht würde es an meinen Augen liegen. Also, Termin mit meinem Optiker gemacht. Kein leichtes Unterfangen, wenn man einen Krankenwagen benötigt, um einen Termin irgendwo wahrzunehmen. Zum Glück hat eine

Freundin einen Optiker gefunden, der zu mir nach Hause kommt. Er war vor ein paar Jahren schon einmal bei mir und erinnerte sich an mich. Das ganze Hin und Her zieht sich natürlich. Wir reden hier nicht mehr von Wochen, sondern von Monaten. Und man kann eigentlich auch niemandem die Schuld geben. Es dauert halt, bis man Termine findet. Sei es mit dem Optiker oder die Genehmigung der Krankenkasse für eine Reparatur oder seitens des Technikers. Zudem gilt immer noch eingeschränktes Kontaktverbot auf Grund der Pandemie. Lange Rede kurzer Sinn. Meine Sehkraft hat sich nur minimal verschlechtert, was aber für die Probleme mit der Augensteuerung nicht relevant ist. Ich schrieb meinem Techniker die Ergebnisse, doch er ist immer noch ratlos. Ich muss also seit Monaten mit diesen Verzögerungen zurechtkommen. Naja, wenn mich diese vermaledeite Krankheit eines gelehrt hat, dann ist es, mich in Geduld zu üben. Immer noch eine große Herausforderung für mich und ich glaube, das werde ich auf meine alten Tage nicht mehr ganz ändern können. „Wir haben ja Corona", was zur Folge hat, dass die Menschen nicht wie gewöhnlich zusammen sein können und ich deshalb, wie schon Weihnachten 2021, nur per Skype mit meinen Liebsten in Verbindung sein kann. Eigentlich! Ja eigentlich, denn mein Kommunikator kommt plötzlich nicht mehr mit der externen Kamera zurecht. Sobald ich die Kamera anschließe, kann ich das Programm mit der Sprachsteuerung nicht mehr richtig bedienen. Die externe Kamera ist nur für Skype gedacht. Ansonsten wird sie nicht benötigt. Die Kamera für die Augensteuerung ist eine andere. Zum Glück habe ich es drei Tage vor Heilig Abend probiert und mich erneut an den Techniker gewandt. Leider konnte er mir dann so kurzfristig vor den Feiertagen aber trotzdem nicht mehr helfen und so war der Heilige Abend für mich sehr, sehr still. Nein, ein bisschen Weihnachten hatte ich schon. Mein Sohn und mein Bruder mit seiner Familie kamen am Mittag zu Besuch, zusammen mit unserem Vater und meinem Schwiegervater. Sie haben etwas gesungen und eine lustige Geschichte vorgelesen. Auch sehr schön, aber...ach ja aber eben nicht so, als wäre ich abends direkt mit dabei. Wir sind ein sooo schöner Familienchor. Als meine Familie sich verabschiedet hatte, lösten sich plötzlich in meinem Inneren die Anspannungen der letzten Tage und ich ließ meinen Tränen freien Lauf.

Ach, da fällt mir noch etwas zum Thema Stimme ein. Wie ich so in den alten Aufnahmen krame, finden sich zum Beispiel auch die ganzen kleinen Videos von Weihnachten, als ich zum ersten Mal mit meinem Sohn Plätzchen backe. So schön, wirklich. Ich habe das Filmchen zum ersten Advent in unsere Familiengruppe gestellt und wir wurden ganz schön sentimental. Mir war in dem Moment nicht bewusst, was es meiner Familie bedeutet, meine Stimme wieder zu hören. Meiner Freundin schickte ich eine Aufnahme vom Freizeitpark und auch sie sagte als erstes, wie schön es sei, meine Stimme wieder zu hören. Klar, inzwischen spreche ich seit fast vier Jahren gar nicht mehr. Bösen Zungen ist das ganz recht... kleiner Spaß am Rande!

Das Sprechen ist mit einer Trachealkanüle, wie ich sie habe, nicht möglich und davor war meine Stimme schon seit einigen Monaten sehr leise. Die Lähmung der Zunge tat ihr Übriges. Nicht einmal meine Familie oder enge Freunde konnten verstehen, was ich sagte. Außer mein Sohn und meine Pfleger, die ständig um mich waren, sie wussten mich zu deuten. Was mich am Anfang wütend machte und verzweifeln ließ. Ich habe nämlich nicht bemerkt, dass ich leiser spreche. Für mich war es normal und unverändert. Auch meine undeutliche Sprache bemerkte ich zunächst nicht.

Es ist der erste Weihnachtsfeiertag und es laufen die schönsten Filme im Fernsehen rauf und runter. Ich liebe Walt Disney. Mein absoluter Lieblingsfilm ist das Dschungelbuch. Ich war etwas über vier Jahre alt und war damals zum ersten Mal im Kino. Wer von euch den Film kennt, kann sich vielleicht denken, bei welcher Szene ich meinem Vater auf den Schoß gesprungen bin. Genau, Shir Khan... schrecklich. Fast genauso toll wie das Dschungelbuch finde ich den König der Löwen. Erstens ist er richtig gut gemacht und ich bin vom Sternzeichen her Löwe. Vielleicht gefällt er mir deshalb so gut. Außerdem half mir der Film damals meinem Sohn zu erklären, was der Tod bedeutet. Mein Mann starb, als mein Sohn fünf Jahre alt war. Auf seine Fragen zum Thema Sterben erklärte ich, dass sein Papa jetzt auch im Himmel ist, wie Löwenvater Mufasa und der hellste Stern, der nachts am Himmel leuchtet, sei jetzt sein zu Hause. An der Beisetzung ließen wir deshalb auch symbolisch einen Luftballon steigen, den ich mit meinem Sohn gestaltet habe. Zweitens kann ich mich richtig in diese Fantasiewelt entführen lassen und alles um mich herum für die Zeit vergessen... einfach nur schön.

Das ist auch etwas, das mich an meine Kindheit erinnert. Wir haben jeden Sonntag die Sendung mit der Maus geguckt. Könnt ihr euch erinnern? Zum Beispiel an den kleinen Maulwurf? Mein Bruder kann die Geräusche, die der Maulwurf von sich gibt, so echt imitieren. Herrlich! Deswegen nahm ich diese kleine Figur auch als Opening für die Präsentation zum Geburtstag.

 Außerdem habe ich die Fotos der Präsentation noch in ein Fotobuch gepackt, schaut man sich vielleicht etwas öfter an als die DVD. Nach den Feiertagen meldete sich dann mein Patenkind und ich mailte ihr meine gesammelten Werke. Ich habe die Fotos zusammengestellt und einen Ablauf schriftlich notiert, wie ich es mir vorstellte. Sie hat es für mich in dem Programm eingefügt und passend bearbeitet. Es ist so schön geworden.

Und schon ist das Jahr vorbei. Wenn mir das jemand zu Beginn der Erkrankung gesagt hätte, dass ich mich so intensiv beschäftigen kann, dass die Zeit nur so verfliegt. Ich hätte es nicht geglaubt. Ich hatte anfangs ja auch nur trübe Gedanken und hätte nicht gedacht, dass ich jemals wieder lachen kann. Jetzt ist Silvester und ich habe für die diensthabenden Pfleger eine Neujahrsbrezel besorgen lassen. Ihr könnt euch sicherlich denken, dass ich früher diese Brezel selbst gebacken habe. Oder auch gerne so kleine Schweinchengesichter für die Kinder in der Nachbarschaft. Und für Mitternacht gab es nun ein kleines Fläschchen Blubberbrause. Selbstverständlich ohne Alkohol.

So ihr Lieben!
Gerade noch Dinner for one geguckt... Für mich endet ein seit langem wieder schönes Jahr und das liegt auch an den vielen lustigen Kommentaren, lieben Worten oder persönlichen Nachrichten, die mich immer wieder erreichen. Ein dickes Dankeschön. Das ist es, was es ausmacht und mich weiter antreibt. Kommt gut ins Neue Jahr und bleibt gesund!

Ich bedankte mich noch bei meinen Freunden auf Facebook für das vergangene Jahr und um zwölf schrieb ich abermals liebe Grüße:

„Sekt mit dem Mundstäbchen - Prost auf das neue Jahr!"

Dieses Mal noch mit Foto.

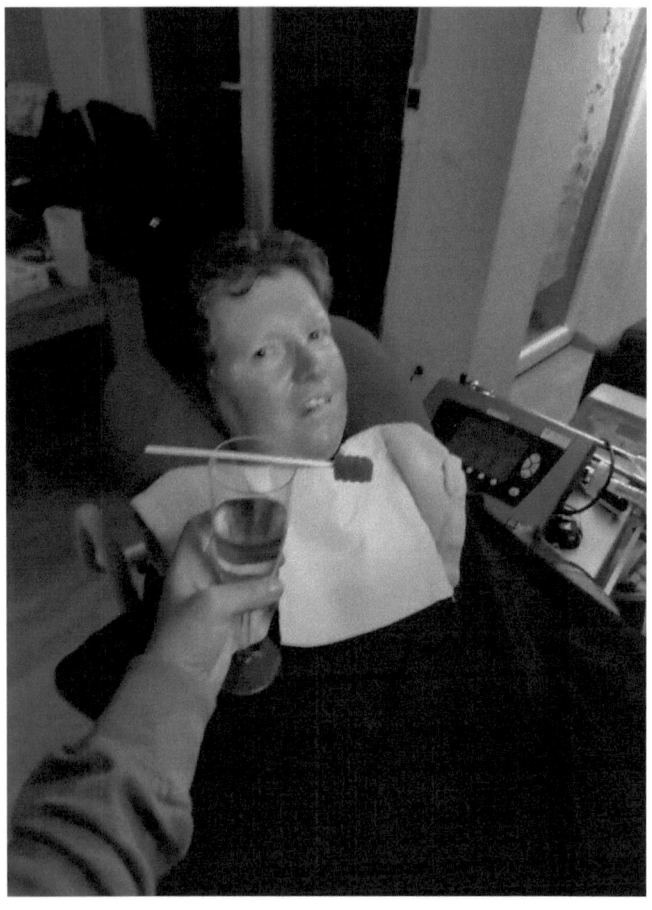

Januar 2022

Jetzt sind es nur noch ein paar Wochen bis zum Geburtstag meines Bruders und die Aufregung steigt. Ich bin mir zwar ziemlich sicher, dass ihm mein Vorhaben gefällt. Ich weiß aber auch, dass er nicht gerne im Mittelpunkt steht. Sorry kleiner Bruder, wer mich zur Schwester hat, muss da durch. So schnell wie ich wusste was ich ihm schenken möchte, umso schwieriger fand ich es, was für meinen Vater und Schwiegervater letzte Weihnachten zu finden. Ich muss selbstverständlich gar nichts schenken, aber das kann ich nicht. Mir ist dann aber doch noch was eingefallen, was ich selbst schon einmal bekommen hatte. Eine Märchenstunde. Ja ihr habt richtig gelesen. Eine Märchenstunde. Es ist tatsächlich ein Beruf: Märchenerzählerin. Toll oder?

„Ihr Lieben!
Mögt ihr auch so gerne Märchen wie ich??? Ich hab vor ein paar Jahren schon mal eine Märchenstunde geschenkt bekommen und bin seitdem großer Fan dieser Kunst. Eva, vom Balsam Märchenteam Bad Rappenau, kam heute Mittag zu mir, im Auftrag von mir und als mein Weihnachtsgeschenk für meinen Papa und Schwiegervater. Wer denkt, Märchen seien nur was für Kinder,

hat sich noch nicht von Eva und Cornelia verzaubern lassen. Einfach nur schön. Danke Eva!"
Zurück zu dem Geburtstag meines Bruders.

Ich hab da mal was vorbereitet. Es gab eine 40 in XXL-Größe, Luftschlangen und selbstverständlich eine riesige Torte. Eine gute Freundin hat seit einiger Zeit das Backen für sich entdeckt und zauberte ein kleines Kunstwerk. Ein Traum aus Biskuit und Creme in heller Vollmilch und dunkler Schokolade. Wandert ungebremst vom Mund auf die Hüfte. Aber das ist am Geburtstag völlig egal. Ich habe es mir nicht nehmen lassen, ein Mµ von der Creme zu kosten. Ich musste dann zwar gleich von Unmengen Speichel befreit werden, doch das war es mir wert. Wir haben die DVD von der Präsentation und das Fotobuch einzeln eingepackt und in einen sehr großen Karton gelegt. Ich finde, man kann einfach nicht genug Geschenke zum Auspacken bekommen. Darüber einen personalisierten Luftballon mit Helium gefüllt, sodass der Ballon aufsteigt, wenn man den Karton öffnet. Verrückt, was man inzwischen alles bestellen kann. Ein Foto hochladen, wenn man möchte noch einen Text dazu, und fertig. Das war eine sehr schöne Überraschung und kam sehr gut an. Die Präsentation selbstverständlich auch und ich konnte auch dieses Mal meine Tränen nicht zurückhalten. Mein Bruder dagegen hatte sich ganz gut im Griff. Aber wären wir unter uns gewesen...

Es hat ihm *sehr* gefallen.

Wir saßen ein zwei Stündchen in gemütlicher Runde zusammen und ich lernte bei dieser Gelegenheit auch die Freundin meines Sohnes kennen. So schön, die beiden zusammen zu sehen. Ich bemerke auch eine Veränderung seines Wesens seit er mit ihr zusammen ist. Er ist wesentlich ruhiger und ausgeglichener und das schöne dabei, er ist auch sehr viel kommunikativer. Ich genieße das sehr. Allem Anschein nach bin ich nicht mehr die nervige Mutter, die ihm jedes Wort aus der Nase ziehen muss. Jetzt fand ich auch den richtigen Zeitpunkt, um ihm einige Fragen zu den vergangenen Jahren zu stellen.

Mich belastet von Anfang an die Frage, was die Krankheit mit meinem Kind gemacht hat. Ich wollte unbedingt wissen, wie es ihm ergangen ist. Wie hat er sich gefühlt? Auch meine Community fragt sich, wie es meinem Sohn geht, wie ich aus einigen Kommentare entnehme. Es ist zwar vergangen und man könnte eh nichts mehr ändern, trotzdem würde ich mich besser fühlen, wenn ich Antworten auf diese Frage habe. Jede Mama wünscht sich doch einen Seelenfrieden für Ihr Kind. Nichts ist wichtiger als Liebe, Familie und wahre Freunde.

Jetzt wirkt er psychisch stabil und ich denke mal, mein feines Mutternäschen trügt mich nicht. Ich suchte also das Gespräch mit meinem Sprössling wie er diese Zeit erlebt hat:

Mama ist krank!

Mein Sohn ist jetzt 16! Als bei mir ALS diagnostiziert wurde, war er knapp 9. Ich hatte beschlossen, ihm situationsbedingt zu erklären, was los ist. Aber bei den meisten Kindern ist es wie bei den Tieren: Sie spüren genau, wenn etwas nicht stimmt.

Allerdings erinnere er sich wirklich nur noch, dass es hieß: „Mama ist krank", aber keiner kann richtig sagen, was noch kommt und wie die Auswirkungen sind. Mich interessierte in erster Linie, wie oder ob er überhaupt etwas von den Anzeichen bemerkt habe. Er sagt, dass er sich damals keine großen Gedanken gemacht hat, als ich zum Beispiel die Spätzle nicht mehr pressen konnte. Erst im Laufe der Jahre und mit zunehmender Reife, fügten sich für ihn die Puzzleteile immer mehr zusammen. Zu meiner Frage nach dem Familienhelfer, den ich nach vielen Bitten zur Seite gestellt bekam und der Psychologin, entgegnete er nur, dass er sich auch hier nicht den Kopf zerbrochen hat. Er dachte halt, er muss da hin und hat es mir zu liebe einfach getan. Der Familienhelfer und psychologischen Therapiestunden waren eine willkommene Abwechslung für ihn.

Er habe aber insgeheim auch gewusst, dass es so nicht weitergehen kann. Immer wieder hatte er allerdings den Gedanken, dass er aufwacht und alles wäre nur ein Traum! Dieser Satz machte mir Gänsehaut. Wie oft habe ich mir genau das auch gewünscht. Manchmal er-wische ich mich auch heute noch dabei, wie ich mir ausmale, wenn ich wieder gesund wäre.

Ja Gänsehaut und es bleibt bisher nur ein Traum.

Dieser Familienhelfer war allerdings nicht die

Unterstützung, die ich mir erhoffte. Ich kam schlichtweg an meine Grenzen bei den alltäglichen Diskussio-
nen von Hausaufgaben oder Zähne putzen und Co.
Nach langem Hin und Her genehmigte man uns dann
doch eine Tagesmutter und siehe da... Mein Junior
wurde ruhiger und auch seine schulischen Leistungen
wurden besser. Nach dem Umzug in die rollstuhl-
freundliche Wohnung schien sich die ganze Lage etwas
zu beruhigen. Doch das doch recht rasante Voranschreiten der Erkrankung ließen die kindergerechte Be-
treuung durch mich allein nicht mehr zu. Und so kam
mein Sohn über das Jugendamt in eine Pflegefamilie,
was aber nicht so richtig funktionierte. Für die Mutter
der Pflegefamilie war es einfach nicht zu stemmen.
Mein Sohn benötigte dermaßen viel Aufmerksamkeit
und Zuwendung, die die Familie mit ihren eigenen zwei
kleinen Kindern niemals hätte aufbringen können. Wir
mussten eine andere Lösung finden. Es tat so weh, zu
wissen, wie er um Aufmerksamkeit rang und die Unbe-
schwertheit, die vermutlich nicht so schnell wieder zu-
rückkehren würde. Meine Augen hatten schon den Al-
bino-Touch vom Weinen und der Schlafentzug spie-
gelte sich in Form von Augenringen wieder. Also wieder Gespräche mit meinem Bruder, mit der Psychologin
meines Sohnes und dem Jugendamt. Wie mein Sohn
sagt, hat er sehr wenig von all dem mitbekommen. Instinktiv ließ er nicht alles an sich ran. Zum Glück! Und
je mehr ich jetzt mit ihm spreche, desto beruhigter bin

ich, dass es wohl instinktiv richtig war, wie ich gehandelt habe.

Ich habe zum Glück die ganzen Jahre regelmäßig Kontakt zu meinem Sohn halten können, was ja eigentlich von Seiten des Jugendamtes, nicht gewünscht ist. Zu Beginn einer räumlichen Trennung ist zum Schutz der kindlichen Psyche, die erste Zeit keinerlei Kontakt vorgesehen. So nach dem Motto aus den Augen, aus dem Sinn.

Meine größte Sorge war ja, dass er wütend auf mich sein könnte. Oder hat er verstanden, warum wir so handeln mussten?

Wut auf mich, im Sinne von „ich habe Schuld an unserer Situation", habe er nicht. Allerdings war er, wie ich ja auch, anfangs gegen das Tracheostoma. Er hat aber mittlerweile verstanden, warum ich es letztendlich doch gemacht habe und hat es schon lange akzeptiert. Ja, war vielleicht blöd von mir, zu vermuten, er würde schlecht von mir denken. Aber das war genau das, was ich gefühlt habe. Meinem Bruder hatte ich meine Ängste natürlich mitgeteilt und er versicherte mir eindringlich, dass diese Gedanken völlig unbegründet seien. Das beruhigte mich aber nicht wirklich. Ständig habe ich das weinende Gesicht meines Sohnes vor Augen, wenn ich ihn total übermüdet in die Schule geschickt habe. Nun gut. Ich hätte es wirklich nicht anders machen können. Das Jugendamt schlug nun vor, meinen Sohn in einem Kinder- und Jugenddorf unterzubringen.

In jedem Haus wohnen bis zu acht Kinder/Jugendliche mit einer Hausleitung, die selbst in dem Haus eine Wohnung bewohnt und es kommen täglich im Schichtdienst vier Betreuer. Das ist in jedem Haus gleich. Entweder Jungs- oder Mädchenhäuser. Bei jüngeren Kindern unter acht Jahren kann es auch gemischte Wohneinheiten geben. Das Jugendamt und das Jugenddorf bestanden jetzt allerdings auf die anfängliche Kontaktsperre. Für mich ein Alptraum. Es tat so unfassbar weh. Ich kann diesen Schmerz nicht in Worte fassen. Umso wertvoller war dann die Zeit, die uns genehmigt wurde. Fürchterlich, hört sich ja fast an, als sei er im Knast. Wobei – manchmal kam es ihm tatsächlich so vor.

Wie auf dem Bild zu sehen ist, suchte er bis vor gut drei Jahren schon noch meine Nähe und kuschelte sich mit in mein Bett, wenn er zu Besuch war. Dabei schauten wir häufig und gerne einen Film über mein Laptop. Wir machten es uns eben gemütlich, so gut es ging. Selbstverständlich war seine Nähe auch Balsam für mich.

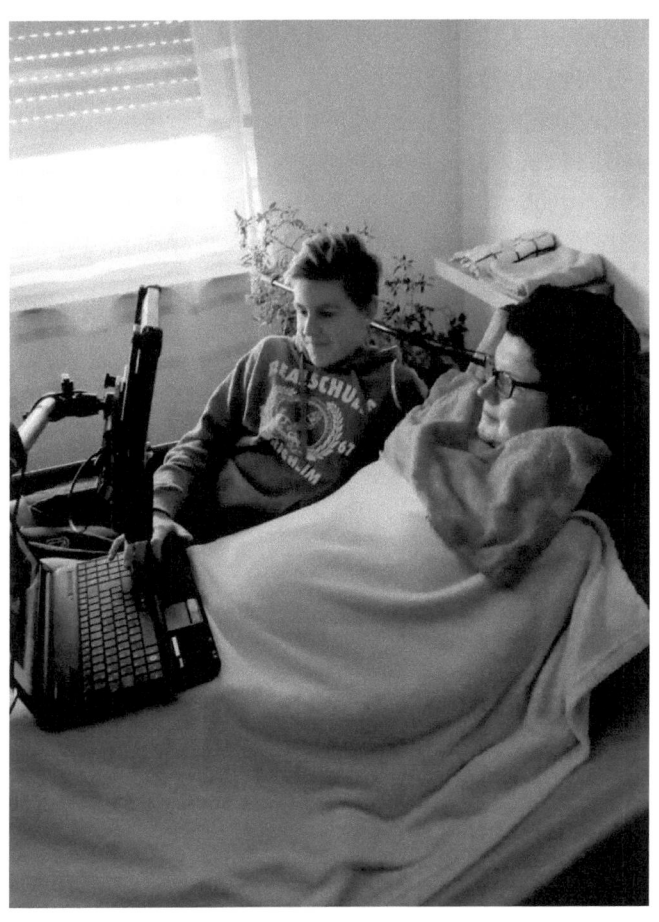

Über WhatsApp hielten wir die ganzen Jahre Kontakt
und er besuchte mich alle 14 Tage. Inzwischen muss er
sein Handy abends nicht mehr abgeben und wir gestalten die Besuche wie es passt. Das kann auch mal ein
Nachmittag unter der Woche sein. Je nach dem, wie er

Berufsschule hat.

Der aktuelle Stand ist:

Mein Junior wird in wenigen Wochen 17, ist glücklich verliebt und seine Ausbildung macht ihm großen Spaß. Die Entscheidung, ihn in das Jugenddorf zu geben, war richtig. Die leisten eine hervorragende Arbeit dort. In einem Jahr dann, mit der Volljährigkeit, ist es eh wieder eine andere Situation.

Letztens sagte er mir dann: „Mama, du hast alles richtig gemacht!"

Etwas Schöneres hätte er mir nicht sagen können.

Februar 2022

Es ist so weit. Morgen kommt der Tätowierer für das Freundschafts-Tattoo von meiner Freundin und mir vorbei. Ich bin ganz schön aufgeregt. Für mich ist es das erste Tattoo und es wird vermutlich auch das letzte bleiben. Es gibt ja das Gerücht, dass es, einmal angefangen, zur Sucht wird. Also das kann ich nicht unterschreiben, aber es fühlt sich gut und richtig an. Genau. Das kann ich so stehen lassen. Ich bin so der Typ übervorsichtig. Deshalb war ich doch recht nervös. Man weiß ja nicht, was in den Farben drin ist und ich habe so viele Allergien, dass ich mich nie getraut habe, mich tätowieren zu lassen. Ganz ehrlich konnte ich dieser Körperkunst für mich selbst nie was abgewinnen. Ich finde auch, dass es nicht zu jedem Menschen gleichermaßen passt. Es gibt genügend, bei denen ich mir denke, dass derjenige das Geld lieber in einen Urlaub gesteckt hätte. Wobei, so ein schöner gepflegter männlicher Oberkörper mit einem Tattoo, das Geschichten erzählt, das hat was... Nun gut. Ich schweife ab...

Zum Glück sind Geschmäcker verschieden. Aus diesen Gründen wunderte es mich auch nicht, dass meine Freundin dachte, ich würde einen Rückzieher machen. Auch mein Mann war, als wir uns kennengelernt haben, nicht tätowiert. Doch er hatte wohl schon mehrere Jahre ein Motiv im Kopf und wollte das auch irgendwann umsetzen. Was er auch tat. Das war dann zwar recht schön, ja, aber es überzeugte mich trotzdem nicht wirklich. Jetzt, mit dieser Diagnose, ist es mir völlig egal, ob ich darauf reagiere. Ich will meiner Freundin eine bleibende Erinnerung hinterlassen und das ist eine ganz besondere, wie ich finde. Beim Schreiben meines letzten Buches habe ich bemerkt, wie wichtig Erinnerungen sind. Meine Sorgen um eine mögliche Reaktion auf die Farbe waren unbegründet. Alles lief glatt und ich bin begeistert. Selbstverständlich fein mit Fotos dokumentiert und mit unseren Freunden geteilt.

„Liebe Leute! Wir haben's getan! Best friends forever!
Danke, dass du das möglich gemacht hast: Trigonom
tat2 Gundelsheim!"

Die Reaktionen ließen nicht lange auf sich warten und ich musste meinen PC stumm schalten. Einfach immer wieder schön, wie sich andere mit mir, oder in diesem Fall mit uns, freuen.
Dass ich jetzt aber gleich das nächste Tattoo plane, ist nicht der Fall. Eine Sucht hat sich widererwarten bei mir nicht eingestellt. Bin nicht dafür gemacht.

Ganz im Gegensatz zu meinem Sohn. Der war gleich Feuer und Flamme und würde sich am liebsten auch sofort eins stechen lassen. Er hat schon länger mal davon gesprochen, weil er die Geburtsdaten von mir und seinem Vater in römischen Zahlen haben möchte. Eine sehr schöne Idee.

Februar heißt für mich auch Fasching, Fastnacht, Karneval. Ich habe erzählt, dass die Welt sich in einem Ausnahmezustand befindet und alles nicht so läuft wie normal aufgrund der Pandemie. So fanden schon zum zweiten Mal keine Faschingsveranstaltungen statt. Das ist so traurig. Zum Glück habe ich einige Videoaufnahmen von meiner aktiven Zeit und ich werde auch nicht müde, sie mir immer und immer wieder anzuschauen. Einfach herrlich. Vielleicht kehrt in den nächsten Monaten wieder so etwas wie Normalität ein. Es ist uns wirklich zu wünschen.

Schon als kleines Mädchen, wie man hier mit Mama beim Knackwurst essen unschwer erkennen kann, war ich immer gerne dabei.

Eines muss ich jetzt gestehen. Ich bin ein bisschen neidisch, wenn ich von anderen ALS-Erkrankten lese, die teilweise noch arbeiten können. Ja tatsächlich! Alles möglich, soweit es über die Augen Steuerung geht. In der IT-Branche beispielsweise. Der Verstand funktioniert ja weiterhin einwandfrei. Ich allerdings war medizinische Fachangestellte und musste mich leider schon sehr früh von der Berufswelt verabschieden. Mein derzeitiger körperlicher Zustand ist das, was man als „Endstadium" bezeichnet. Was das genau bedeutet, habe ich im Kapitel „die Pflege" beschrieben. Für mich ist an arbeiten nicht zu denken. Ich bin schlichtweg zu müde. Vor etwa drei Jahren war das bei Weitem noch nicht so. Ich bin gerne rausgegangen und habe etwas unternommen. Auch mit dem Tracheostoma noch. Doch man sieht es mir halt nicht an, wenn sich weiterhin etwas verschlechtert. Es heißt zwar Endstadium, meine inneren Organe haben aber nicht ihre Funktion aufgegeben. Bis auf die Lunge eben. Wobei, aufgegeben ist ja nicht ganz richtig. Sie funktioniert ja. Es fehlt nur die Muskelkraft. Im Gesicht funktioniert nur noch der rechte Mundwinkel und so habe ich mir angewöhnt, das bisschen Zucken zur nonverbalen Konversation zu nutzen. Mundwinkel ziehen bedeutet: Nein! Und einmal Augen schließen beziehungsweise blinzeln heißt: Ja! Die Idee mit dem Mundwinkel kam zufällig, als ich bemerkte, dass ich bei dem Versuch, den Kopf zu schütteln, immer den Kiefer zur Seite schob. Jetzt benutze ich es, um meine Klingel in der Nacht zu bedienen. Not macht eben erfinderisch.

Letztens hatte ich Besuch von einer Freundin vom Chor bei dem ich jahrelang gesungen habe und wir hatten Probleme meinen PC einzustellen. Als es endlich funktionierte, meinte sie, wie beneidenswert doch meine Geduld sei. Ich schrieb nur, sie könne jetzt mal meinen Puls messen. So viel zum Thema: Man sieht mir nicht an, wie weit die Krankheit fortgeschritten ist. Ich koche quasi innerlich und man merkt es nicht.

Außerdem kamen im Februar letzte Woche Wiederholungstäter in mein Wohnzimmer. Ihr erinnert euch? Letzten November? Das Wohnzimmer-Konzert? Ja, genau!

„Smirnoff Light, Wohnzimmer Konzert Part II!
Heute ist nicht alle Tage, wir kommen wieder, keine Frage. Sagten sie letzten Herbst und so kam es gestern erneut zu einem genialen Abend mit meinen Lieben und guten Freunden.
So schön und gemütlich...Danke Thorsten, Marcus und Rene!
Und liebe Katja, gute Besserung!"

Dieses Mal ohne Foto, sondern mit einem Video. Das Filmchen zeigt auch in einer Runde mich und meine Gäste. Es war eine ausgelassene Stimmung. Auch dieses

Mal freuten sich meine Freunde auf Facebook wieder mit mir. Ich bin wirklich sehr froh und dankbar, so liebe Freunde zu haben. Wer weiß was noch kommt...?

Pleiten, Pech und Pannen

Es läuft nicht immer alles glatt. Muss es auch nicht und welche, teilweise lustige Malheurchen im Laufe der Jahre schon passiert sind, hab ich mal in diesem Kapitel für euch zusammmen getragen: Was tun bei Stromausfall? Ja genau...hat noch keiner wirklich dran gedacht, oder? Und dabei bin ich in so vielen Dingen auf Strom angewiesen. Das Beatmungsgerät hält zum Beispiel ungefähr eine Stunde. Dann geht es an den externen Akku, der für ungefähr drei Stunden Kapazität hat. Sollte dann immer noch kein Strom zur Verfügung sein, müssen wir auf das zweite Gerät wechseln. Das reicht also eine weitere Stunde. Hat allerdings keinen Ersatz-Akku. Sprich nur noch eine Stunde bis ich nicht mehr versorgt werden kann. Daher ist es wichtig, dass die beiden Geräte wöchentlich eingesetzt werden, um sicherzugehen, dass sie reibungslos funktionieren. Nach dieser Zeit aber ist Schluss mit lustig. Ich habe in meinem Leben noch nie erlebt, dass wir jemals über so viele Stunden ohne Strom waren. Ein Glück, dass da, wo ich wohne, kein Bach in der Nähe ist, der zu einem reißenden Fluss werden könnte, wie es tragischerweise im Ahrtal letztes Jahr passierte ist. Oder kein übergroßer Baum das Haus bei einem Sturm treffen könnte. Dennoch kann es natürlich Ausfälle geben und das ist kürzlich passiert. Nur eine Stunde, aber es hat meine Pflegerin beunruhigt und sie warf die Frage in den Raum, was denn im Notfall zu tun sei. Selbstverständlich berechtigt diese Frage und sie war auch sichtlich erleichtert, als das Licht wieder anging. Am nächsten Tag rief die Pflegedienst-Leitung aus diesem Grund mal bei meinem Stromversorger an, um den worst case zu hinterfragen. Achtung!

Original Szenario: „Hm, gute Frage, aber wir sind ganz bestimmt dafür nicht zuständig."

Beruhigend die Aussage, nicht wahr?

Also nächster Versuch, der Netzbetreiber.

Das sei wirklich interessant, aber sie seien für so was nicht verantwortlich. Herrlich. Da fühle ich mich doch gleich richtig gut aufgehoben!

Dann waren wir genau so schlau wie vorher und jeder fragte mal im Freundeskreis, ob jemand eine Idee hat. Und tatsächlich kam eine Antwort von einem Feuerwehrmann, dass zumindest einer im Notfall in der Leitstelle sitzt und sagt, was man machen kann, oder ob sogar ein Notstromaggregat gestellt werden kann. Ich muss gestehen, dass ich nicht wirklich Angst hatte, aber je mehr ich über die Situation nachdachte, umso mehr beruhigt es mich, dass das jetzt geklärt ist.

In diesem Zusammenhang aber fällt mir ein Vorfall ein, den ich euch nicht vorenthalten möchte. So geschehen vor ein paar Jahren.

Zur Erinnerung: Seit vier Jahren bin ich dauerhaft beatmet und zwei Jahre lang zuvor wurde ich über Stunden mit einer Maske beatmet. Ich weiß nicht mehr genau wann, aber es war noch zu der Zeit, in der ich noch mit der Maske versorgt wurde. Da ich in der Nacht zweimal gelagert werden muss und ich sowieso maximal von dieser Maske genervt war, bat ich darum, während der Lagerung, die Beatmung abzumachen. Nicht die ganze Maske, die wieder anzupassen, würde mich endgültig wach machen. Nein, nur den Schlauch abnehmen. Und weil das Gerät nach wenigen Sekunden Alarm schlägt in Form eines nervigen Piepsens, schalteten wir es auf Standby. So weit so gut und bis Mitte der Nacht verlief auch alles wie immer. Doch als ich gegen halb drei klingelte, um auf die andere Seite gedreht zu werden, ließ sich das Beatmungsgerät ums Verrecken nicht ausschalten. Auch ganz aus oder den Stecker ziehen half nicht. Ich bekam schon meinen Nachbarn im Haus gegenüber ein schlechtes Gewissen, weil das Piepsen schon recht laut ist. Gerade wenn es mitten in der Nacht sehr still ist überall, weiß ich nicht, was nach außen dringt. Zum Glück gibt es auf allen Geräten einen Aufkleber mit der Hotline-Nummer. Wir wussten uns keinen anderen Rat mehr. Die Pflegerin versorgte mich mit dem Zweitgerät, wickelte dieses nervige piepsende Etwas in zwei dicke Decken und rief die Nummer an. Zwei Stunden später kam tatsächlich dann ein Techniker vorbei mit einem Tauschgerät und baute noch vor

Ort den internen Akku aus, da selbst er auf die Schnelle das Teil nicht zum Schweigen brachte. Er konnte ja auch schlecht mit diesem grausigen Piepsen durchs Haus spazieren...in aller Herrgottsfrühe. Dann aber endlich erholsames Schweigen. Welch Wohltat. Endlich Ruhe! Immerhin waren inzwischen drei Stunden vergangen und obwohl das Gerät in den Decken erheblich leiser war, doch noch einen Nerv-Faktor hatte. Der nette junge Mann durchlief noch kurz das Testprogramm mit dem Ersatzgerät und verabschiedete sich. Jetzt dämmerte es schon draußen und ich fiel endlich in einen tiefen Schlaf. Wenn auch nur für zwei Stunden, aber immerhin. Ein Gutes aber hatte diese Nacht-und-Nebel-Aktion doch auch... Es war ein sehr ansehnlicher junger Mann, der kam, und ich beobachtete mit einem Schmunzeln wie verlegen meine Pflegerin war. Sehr schön und unterhaltsam... auch morgens um fünf mit Schlafentzug.

Was gab es noch ...? Mal überlegen...
Ja genau, mein Bett.
Ich habe ja seit einigen Jahren ein Pflegebett. Heißt: Ich bin auch da auf Strom angewiesen und natürlich passiert immer was nachts. Oder am Wochenende, wo niemand erreichbar ist. Ist euch vielleicht schon mal passiert. Ein Klassiker, die Waschmaschine geht kaputt am Samstagabend oder Ähnliches. Zurück zu meinem Erlebnis. Meine Pflegerin fuhr das Bett in die für sie

passenden Höhe und zum Lagern auf die Seite muss das Bett flach sein. Also runter mit dem Kopfteil. Sie erwischte kurz den Knopf für hoch statt runter, aber das passiert ständig mal und auch bei jedem. Ist also kein Fehler jener einzigen Person. Nur dieses Mal fuhr das Kopfteil immer weiter und weiter. Mein Kopf plumpste schon nach vorne... Ihre Augen wurden größer und sie drückte immer fester auf die Taste. Vergebens! Die Fernbedienung reagierte einfach nicht mehr. Ihr blieb nichts weiter als den Stecker zu ziehen. Allerdings saß ich da bereits senkrecht und mein Kopf hing auf halb acht. Klasse! Zum Glück ist bei einem Winkel von 90 Grad Schluss. Unvorstellbar wenn das noch weiter vor ginge. Ich bin ja nicht aus Gummi. Und jetzt? Es war mitten in der Nacht! Natürlich! Wann auch sonst! Ich kämpfte mit der Müdigkeit... Schließlich bekam ich ganz normal abends meine Medikamente, die gewollt als Nebenwirkung müde machen. Nun ja ohne Strom, jetzt ließ sich am Bett absolut nichts mehr verstellen und so wie ich jetzt saß, war an Schlafen nicht zu denken. Nachts! Um drei Uhr! Also wurstelte meine Pflegerin mir das Lifter Tuch so gut es ging unter meinen Körper und ich verbrachte den Rest der Nacht auf der Couch. Blöd, dass solche Sachen immer nachts oder am Wochenende passieren, oder? Auch für solche Fälle gibt es eine Notfallnummer. Allerdings war mein Fall keiner, der dringlich wäre. So die Aussage der Dame am anderen Ende der Leitung. Am nächsten Morgen, ein

Samstag natürlich, hatten wir Glück, die Hotline erneut zu erreichen, doch der Techniker konnte nicht versprechen, noch diesen Tag vorbei zu kommen... Prima diese Aussichten! Aber er kam doch. Spät am Abend, aber er kam. Immerhin noch früh genug, dass ich mich wieder gemütlich betten lassen konnte. Glaubt mir, so sehr hatte ich mich noch nie auf mein Bett gefreut... Mein Körper hat inzwischen einfach zu wenig Stabilität um auf dem Sofa zu liegen. Leider! Und was war es am Ende? Eine Sicherung. Eine kleine miese Sicherung. Warum aber auch die restlichen Funktionen nicht gingen, bleibt ein Rätsel.

Ein paar Wochen später ließ sich nämlich plötzlich die Höhe nicht mehr verstellen. Ich kam mir langsam echt vor wie bei „Verstehen Sie Spaß?". Mir war allerdings mittlerweile nicht mehr zum Lachen. Meiner Pflegerin auch nicht. Sie konnte sich Besseres vorstellen, als ständig irgendeinem Techniker hinterherzutelefonieren. Letztendlich wurde das ganze Bett gegen ein anderes getauscht. Blöd... Wirklich, denn jetzt hat es eine andere Farbe und passt so gar nicht mehr zu meinen restlichen Möbeln, aber so ist das eben... Ich hab Probleme wie? Sonderwünsche ausgeschlossen. Nun ja. Es erfüllt seinen Zweck und gut... Wobei, nicht ganz... Es nimmt mir doch auch wieder ein Stückchen Wohlbefinden....

Ein weiterer Vorfall, natürlich an einem Tag vor einem langen Wochenende. Meine Großtante pflegte in solchen Situationen immer zu sagen: „Vor de Feiertage geht de Düwel auf Stelzen." Der Lifter versagte seinen Dienst... Meine Pflegerin holte mich nach meiner täglichen Mittagsruhe aus dem Bett und setzte mich auf den Toilettenstuhl. So weit so gut. Nur gab der Lifter komische und für uns völlig neue Geräusche von sich. Er war aber ausreichend aufgeladen und funktionierte für uns völlig normal. Mit der abendlichen Toilette fertig, schob sie mich, auch wie immer, ins Wohnzimmer. Den Lifter hatte sie zuvor vom Schlafzimmer ins Wohnzimmer umgehängt. Im Kapitel ' die Pflege ' habe ich dieses geniale Teil näher beschrieben. Sie bereitete mich für den Transfer vor und hängte die Schlaufen des Tuchs in die Haken ein, nahm die Fernbedienung in die Hand und... ja nix und... kein Mucks. Nicht rauf, nicht runter... nix! Und ich immer noch auf dem Toilettenstuhl. Auch die Tasten am Gerät selbst, funktionierten nicht. Ja, zum Glück ist er nicht ausgefallen, als ich drin hing... Trotzdem saß ich schon ungefähr eine Stunde auf diesem Stuhl und wie sollte ich nun in den Rollstuhl kommen? Sie rief den Service-Techniker an und er kam nach einer Stunde. Eine weitere Stunde. Meinen Po spürte ich schon fast nicht mehr. Zum Glück wohnte er nur eine gute halbe Stunde entfernt und konnte es nicht mit seinem Gewissen vereinbaren, mich an die Hotline zu verweisen. Immerhin war es inzwischen weit nach seinem wohlverdienten Feierabend. Ich war ihm sehr, sehr dankbar.

Leider ist jeder Mensch verschieden. Ich sage „leider", weil es Situationen gibt, in denen ich mir wünsche, dass jeder gleich denkt und versteht. Gerade weil die Pflege eines Menschen so individuell ist, hat sich eine Pflegerin aus meinem Team die Mühe gemacht und den kompletten Tagesablauf bei mir bis ins kleinste Detail aufgeschrieben für den Fall, dass jemand neu zu mir kommt. Auch die verschiedenen Lagerungen im Bett haben wir mit Fotos dokumentiert. Anhand dieser Aufzeichnungen müsste man sich eigentlich zurechtfinden können. Aber weit gefehlt. Für die meisten ist der Leitfaden zu ausführlich und sie hören nach den ersten paar Sätzen auf, zu lesen. Es ist einfach zu viel Input. Sehr, sehr schade. Aber ist eben so.

Für die häuslichen Pflege gibt es ambulante Pflegedienste. So weit. So klar. Wenn sich der Gesundheitszustand sehr verschlechtert und der Patient zum Beispiel wie bei mir, beatmet werden muss, gibt es auch hierfür spezielle Pflegedienste, die dann für die außerklinische Heim-Beatmung ausgebildet sind. So wird dem Patienten ermöglicht, weiterhin in ihrem gewohnten Zuhause zu leben und nicht in eine Pflege Einrichtung zu müssen. Unter den Pflegern gibt es auch die Möglichkeit, sich selbstständig zu machen und freiberuflich zu arbeiten. Diese Freiberufler können dann auch von dem zuständigen Pflegedienst gebucht werden, für eine Krankheitsvertretung beispielsweise. So ist es auch diese Woche bei mir der Fall. Es ist

Urlaubszeit und wie das so ist, wenn einer im Urlaub ist, wird der nächste krank und schon fehlt es an Personal und man muss sich mit diesen freiberuflichen Pflegekräften behelfen. Leider kennt der Patient meistens diese Aushilfe natürlich nicht und umgekehrt. Dabei ist es wünschenswert und wichtig, dass die Aushilfe eingearbeitet wird. Ist eine Einarbeitung nicht möglich, gibt es immer noch die erstellten Aufzeichnungen.

Ich bin doch keine Maschine. Ich bin ein Mensch aus Fleisch und Blut... Treffender hätte es Tim Bendzko nicht schreiben können.

Es ist mir egal, wie man mich wäscht oder anzieht. Hauptsache die Klamotten sitzen am Ende bequem. Oder wie man das Lifter-Tuch nach dem Transfer ins Bett unter mir wieder rausnimmt. Man kann mich dafür hin und her drehen oder auch nach vorne beugen... alles egal, solange es nicht schmerzhaft ist und für das Pflegepersonal am geschicktesten ist.

Es gibt eine Menge Situationen, in denen ich den Computer nicht zur Seite habe. Viel Mimik kann man in meinem Gesicht nicht mehr lesen. Umso wichtiger ist es, mich zu beobachten und mir in die Augen zu sehen. Ich brauche nämlich keinen Mittelfinger. Ich kann das mit den Augen!

März 2022

Inzwischen ist es schon März. Wahnsinn, wie schnell das ging. War nicht eben erst Silvester? Heute hat mir mein Bruder mit einer Nachricht eine so große Freude gemacht, auf die ich schon sooo lange warte: Er HEIRATET! Ich bin so happy. Und mein Gefühl hat mich nicht getäuscht. Ein weiterer Punkt auf meiner imaginären Löffelliste! Sie wollten einfach warten, bis man wieder uneingeschränkt feiern darf.

Seine Zukünftige ist ein Goldstück. Ich mag sie sehr und ich kann mir keine bessere Schwägerin vorstellen. Wir nennen uns auch liebevoll Lieblingsschwägerinnen. Nicht ohne Grund. Ein Jammer, dass ich schon krank war, als wir uns kennenlernten. Nur allzu gerne hätte ich mit ihr mal eine Tour um die Häuser gemacht. Wir haben denselben Humor. Auch meine beste Freundin versteht sich super mit ihr. Prima!

Hochzeit!

Ich bin voll in meinem Element. Das ist ein Traum. Ich habe tatsächlich eine Schwäche für Hochzeiten. Es läuft auch täglich die Sendung zwischen Tüll und Tränen bei mir. Ganz das Klischee eines Mädchens und ich stehe dazu. Außerdem habe ich so gut wie keine royale Hochzeit verpasst. Ich glaube das erste Mal habe ich die Feierlichkeiten von Prinz Charles und Lady Di gesehen, zusammen mit meiner Mutter. Ihr seht schon. Ich wurde früh infiziert und komme nicht mehr los davon. Aber mal unter uns... warum auch? Es ist einfach herrlich, diese Kleider zu sehen und diese Stimmung zu spüren. Einfach ein ganz besonderes Feeling. Das finden auch meine Cousine und mein Patenkind. Sie schauen diese Feiern auch, wenn sie im Fernsehen übertragen werden. Einfach schön!

Für meinen Bruder und seine Liebste habe ich einige schöne Ideen. Keine Sorge! Ich bin keine, die mitreden möchte, oder die eingeschnappt ist, wenn die Vorschläge nicht ankommen. Das Fest ist nur eine so große Freude für mich und eine willkommene Abwechslung in meinem eintönigen Alltag. Vielleicht ist es für mich auch so besonders, weil Mama nicht mehr bei uns ist und ich so, als große Schwester, meinen kleinen Bruder gut versorgt weiß...? I don't know...

Zudem habe ich jetzt selbst für mich einiges zu erfragen und zu organisieren, weil ich auf alle Fälle daran teilhaben möchte! Komme was wolle! Punkt!

Zunächst schrieb ich das Standesamt an, um in Erfahrung zu bringen, wie groß der Aufzug ist. Schließlich ist mein Rollstuhl etwas größer als die üblichen für beispielsweise Querschnittgelähmte. Dann schrieb ich der Freundin, von der ich schon öfter den Transporter geliehen hatte, beziehungsweise ob sie mich fahren würde. Dieser Transporter ist ein richtiger Transporter. Ihr habt richtig gelesen. Er wurde hinten drin komplett entkernt und umgebaut, dass ein Rollstuhl verkehrssicher befestigt werden kann. Allerdings war ich seit fast vier Jahren damit nicht mehr unterwegs. Es ist daher ein Fahrzeug, das nicht gefedert ist und ich werde wohl zum ersten Mal meinen Kopf in der Kopfschale fixieren müssen. Mal schauen. Wir werden vorher eine Probefahrt machen, um am Tag X nichts dem Zufall zu überlassen. Seit dem ich das Tracheostoma habe, ist so viel Equipment mitzunehmen und ich bin so schnell schlapp, dass ich lieber in meinen vier Wänden bleibe. Für solche wertvollen Feierlichkeiten allerdings, bereite ich mich dann natürlich extra vor.

Foto im Transporter – siehe nächste Seite

Das Bild ist schon etwas älter. Wie man unschwer erkennen kann, bin ich hier noch nicht beatmet. Wie gesagt war ich da noch oft unterwegs und hatte immer viel Spaß.

Mir fällt gerade auf, dass ich da noch recht lange Haare hatte. Jetzt sind sie megakurz. Ein kleiner wunder Punkt. Ich hatte fast immer lange Haare. Dann trennte ich mich schweren Herzens davon, als ich mich nicht mehr richtig frisieren konnte. Weil es praktischer war. Dann aber ließ ich sie wieder wachsen, weil es für die Pflegekräfte leichter war die Mähne zusammen zu binden, als die schulterlangen Haare zu frisieren. Als ich aber den Rollstuhl mit Kopfstütze bekam, störten mich die Haare und seitdem sind sie kurz. Inzwischen leider auch schon ziemlich ergraut. Nun ja, auch bei mir bleibt die Zeit nicht stehen. Jetzt sind sie halt richtig kurz. Man gewöhnt sich an so vieles. Wenn mein Sohn mich ärgern möchte, sagt er meist: „Mum, deine Haare sind ja kürzer als meine!" Dazu noch sein verschmitztes Lächeln.

Ach ja, ich liebe ihn!

Letztens hat mich mein Junior richtig überrascht. Er hat für seinen Lieblingsonkel zur Hochzeit eine Stehlampe gebaut. Bestehend unter anderem aus einem alten Holzbalken. Ich bin so stolz! Den Balken musste er dreimal schleifen und ölen. Und das Kabel der Lampe hat er geschickt im Holz versteckt. Das Licht ist so ein gemütliches, warmes Licht! Ideal zum Lesen oder Lümmeln. Das hat er richtig gut gemacht. Er ist handwerklich wohl so geschickt, wie sein Vater es war. Es ist schön, das zu sehen. Ich bin auch sehr gerührt, dass er sich so Gedanken gemacht hat, was er seinem Onkel schenken kann.

Ach ja... bei mir kullern schon wieder die Tränen.

April 2022

Ostern! Ich wiederhole mich, aber die Zeit rennt. Das heißt aber auch, dass es einem gut geht. Ich erwähnte zuvor schon mal, dass die Zeit so schnell vergeht und ich mir das zu Beginn der Krankheit gar nicht vorstellen konnte. Da hieß es für mich nämlich noch, dass mein Leben nicht mehr von langer Dauer sein wird, und da wollte ich natürlich nicht, dass die Zeit schnell vorüber ist. Das Sprichwort: Lebe jeden Tag, als sei es dein letzter, ist Programm. Man weiß schließlich nie, was der nächste Tag bringt.

So langsam trudeln bei mir Fragen ein, was das Brautpaar wohl für Wünsche hat. Eine gute Frage. Die zwei haben ja alles. Das ist halt so, wenn man zwei Haushalte zusammenlegt. Beide, mein Bruder und seine Zukünftige, haben ja schon lange Jahre eigene Leben geführt. Letzte Woche gingen dann die Einladungen raus und es steht ein liebes Sprüchlein dabei. Somit sind alle Unklarheiten aus dem Weg geräumt.

Auch ich bin mit meinen Vorbereitungen ein ganzes Stück weitergekommen. Von der Verwaltung des Rathauses kam die Rückmeldung, dass ein Aufzug vorhanden ist und ich darin Platz für mein ganzes Equipment habe. Meine Sangesschwester meldet sich im Laufe der nächsten Woche, wie es mit dem Transporter aussieht.

Der ist wohl noch zum großen Check-up in der Werkstatt und ich hoffe, dass alles klappt und in Ordnung ist. Sollte ich damit nicht fahren können, muss ich Plan B und C in Erwägung ziehen. Die eine Möglichkeit ist natürlich ein Rollstuhl-Taxi. Allerdings ist es, von den Kosten mal ganz abgesehen, darin wirklich sehr, SEHR eng. Meine Fußstützen müssen darin komplett abgeklappt werden und dann stoßen meine Schienbeine noch an der Rückbank an. Zudem muss meine Rückenlehne aufgerichtet werden, damit die Halterung der Kopfschale nicht die Rückscheibe ruiniert. Diese Variante ist für mich vermutlich nicht mehr zu bewerkstelligen. Selbst wenn mein Kopf festgebunden ist, kann mein Körper die aufrechte Haltung nicht lange tolerieren. Die zweite Möglichkeit wäre, für diesen Tag ein Auto zu leihen. Ja, es gibt auch für Rollstühle Transporter zu mieten. Man fährt eben hier mit dem Rollstuhl hinten in das Fahrzeug. Das wäre dann die Variante für mich. Allerdings habe ich da noch keine Kosten angefragt. Mal schauen, ist ja noch ein bisschen Zeit. Ich drücke die Daumen, dass am Transporter alles passt.

Trotz aller Euphorie und Freude über die bevorstehende Hochzeit meines Bruders, kommen dunkle Gefühle, wie schon zu Beginn der Erkrankung, zurück. Warum? Kann ich mir selbst nicht erklären. Immer häufiger kommen Tränen, wenn ich Bilder von irgendwelchen Geburtstagsfeiern oder Partys sehe. Die Kraft, die ich aufbringen muss, um bei Laune zu bleiben, wird immer größer. Die aktuellste Situation war das Frühlingsfest in unserer Kreisstadt. Ein Freund von mir meinte es gut und schickte mir eine kleine Aufnahme des ganzen Platzes. Die Stimmung war unübersehbar und natürlich auch unüberhörbar. Im Normalfall wäre ich mitten drin statt nur dabei gewesen. Jetzt aber... es tat weh...

Ebenso schmerzhaft für mich ist, zu spüren, dass die Besuche bei mir wieder weniger werden, sobald die Temperaturen steigen und das Wetter besser wird. Es fällt einem eben leichter, sich bei mir in die Bude zu setzen, wenn es draußen trüb und schmuddelig ist. Naja, töricht von mir, zu denken, dass es die ganze Zeit jetzt so weiter ginge. Andere haben schließlich noch ihren Alltag und ihren Beruf und liegen nicht so nutzlos rum wie ich...

Sehr schade, aber vielleicht kommen meine Gedanken auch gerade durch solche Situationen? Außerdem hatte ich letztens einen Traum, der mir Angst machte. Ich weiß nur noch Bruchstücke, aber das reicht mir schon. Meine Gedanken gingen hin und her, ob ich hier davon erzähle? Aber ich denke eben, dass es doch auch wichtig ist, zu berichten, was die Krankheit noch so alles mit sich bringt. Es ist eben nicht alles Friede, Freude, Eierkuchen wie ich manchmal vielleicht auch den Eindruck vermittle. In meinem Traum hatte ich den Gedanken, dass alles bei mir nur so gut verläuft, weil mein Sohn mich brauchte und ich jetzt beruhigt gehen kann, da er groß genug ist. Reif genug, um sein Leben selbst zu meistern? Ganz unter uns... gäbe es meinen Sohn nicht... ich würde dieses Buch jetzt nicht schreiben. Es hätte auch schon das erste Buch nicht gegeben. Noch gelingt es mir, mich aus diesen grauen Stunden selbst zu befreien. Und das geht am besten mit den aufmunternden Worten meiner Freunde. Hier ein kleines Beispiel:

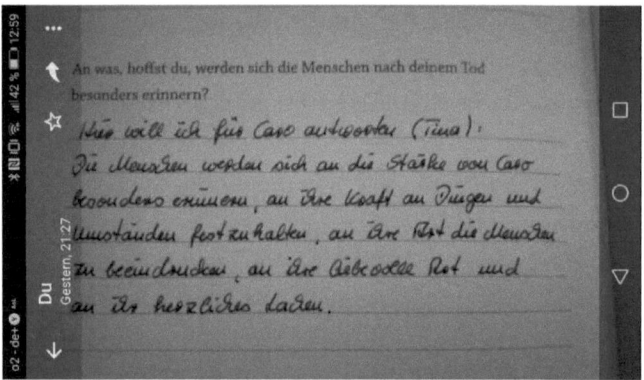

Das macht was ganz Besonderes mit einem, wenn man solch Worte über sich liest. Es lässt sich nur schwer beschreiben. Es gibt mir so unendlich viel. Das lasse ich jetzt einfach so stehen!

Im nächsten Kapitel „Richtig und wichtig!" gehe ich noch etwas intensiver auf meine Problemchen ein und zeige Auszüge aus verschiedenen Kommentaren, die ich meine.

Außerdem habe ich wahre Freunde. Das merkt man daran, dass es jedes Mal, wenn man sich sieht, so ist, als sei man nie getrennt gewesen. Auch wenn zwischen den Treffen Monate oder Jahre liegen.

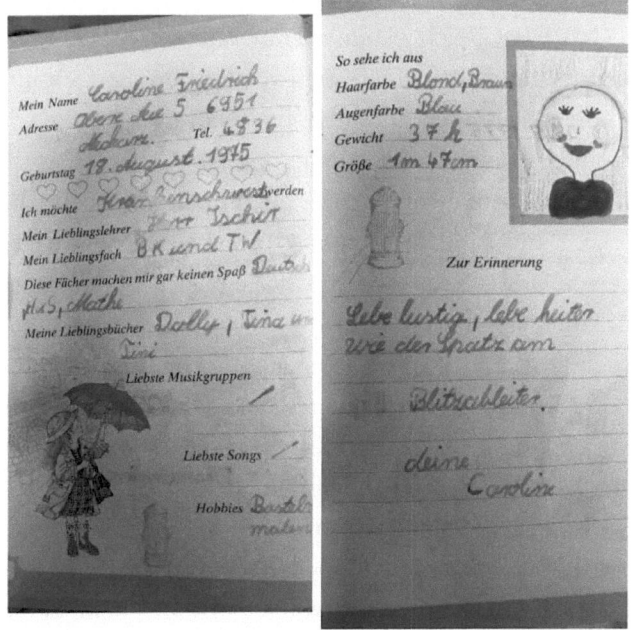

„Hallole!
Heute mal was ganz Schönes zum Thema Kindheitserinnerungen. Zum Glück können manche Leute einfach nichts wegwerfen! Herrlich! Danke Tanja."

Das Foto teilte ich wieder bei Facebook und es kamen Kommentare über Kommentare und ich bin überrascht, wie viele Menschen noch solch ein Schätzchen aus ihrer Kindheit zu Hause hüten. Diese Freundschaft, von der man auf dem Bild lesen kann, besteht schon seit dem Kindergarten! Eine bessere Motivation gegen Trübsal gibt es eigentlich nicht, wie ich finde. Eine schöne Überraschung, der Fund ihres Freundebuches. Da hatte ich gleich zweimal Tränen in den Augen. Tränen der Rührung und Tränen vor Lachen. Einfach nur schön, dass sie das gefunden hat. Natürlich hatten wir da auch gleich wieder eine Menge Gesprächsstoff. Meine Freundin wohnt leider nicht mehr gerade um die Ecke. Dafür ist jedes Treffen so, als wäre sie nie weggewesen. Das ist ein kostbares Gut und ich bin dankbar für solche Freundschaften.

Auch kostbar, um wieder zu lächeln. Habt ihr mal probiert, einfach so zu lächeln? Ganz ohne Grund? Probiert es mal und ich verspreche euch... es dauert nur wenige Sekunden und ihr müsst richtig lachen. Während meiner Ausbildung zur medizinischen Fachangestellten habe ich eine Praxisübergabe mitgemacht und der neue junge Arzt „verordnete" uns als Personal ein Telefonseminar. Was es so alles gibt, oder? Und eben in diesem Seminar riet man uns, einen kleinen Spiegel neben dem Telefon anzubringen, um sich sofort an ein Lächeln zu erinnern, sobald man den Hörer abnimmt. So sei der Tonfall sofort um Welten freundlicher. Herrlich nicht wahr?

Richtig und wichtig!

Ich bin auf der einen Seite wirklich glücklich, so wie ich es überall beschreibe oder erzähle. Aber die unschönen Dinge häufen sich und ich werde mürbe. Das ist doch kein Leben, oder? Bin ich nicht nur noch eine Last? Habe ich noch die ganze Zeit geschrieben, dass ich so gut wie keine Schmerzen habe, muss ich das so langsam revidieren. Außerdem nehme ich das einzige für ALS zugelassene Medikament Teglutik (Wirkstoff: Riluzol) weiterhin und das schlägt sich auf meinen Leberwerten nieder. Es hieß aus der Klinik damals, dass dieser Wirkstoff den Krankheitsverlauf um ein paar Monate hinauszögern beziehungsweise verlangsamen würde und die Leberwerte können bis zu einem Dreifachen erhöht sein. Was hierbei immer noch im Toleranzbereich wäre. Das habe ich seit der letzten Blutabnahme erreicht. Und jetzt? Ich meine, ich merke nicht ob das Medikament irgendwelche Auswirkungen hat. Daher bin ich besorgt und unschlüssig, wie ich weiter vorgehen soll. Die Klinik gibt mir auch keine wirklich brauchbaren Informationen. Das zeigt wieder, wie unerforscht das Ganze immer noch ist. Was bewirkt das Medikament bei mir noch, außer dass meine Blut- und Leberwerte denen eines Alkoholikers gleichkommen? Toll! Wenn ich dabei wenigstens Spaß gehabt hätte.

Nun gut. Man hatte mich ja vorgewarnt. Sagt euch der Film „Hin und weg" etwas? Mit Florian David Fitz? Er spielt da einen an ALS erkrankten jungen Mann und da sein Vater schon an dieser fürchterlichen Krankheit verstarb, weiß er sehr genau, was ihn erwartet und macht sich auf den Weg nach Belgien, um sein Leben in Würde zu beenden. Noch so eine Sache, die mir Kopfzerbrechen bereitet. Sterbehilfe! Ich finde es sehr schade, dass das immer noch ein Tabuthema ist. Egal ob aktiv oder passiv oder in welcher Form auch immer. Manche Menschen trauen sich nicht einmal, dieses Wort offen auszusprechen. Wie steht ihr zu diesem Thema? Gehört die Entscheidung über das Beenden eines unheilbar kranken Lebens nicht auch zu einem selbstbestimmten Leben?

Zurück zu den Schmerzen. Es häuft sich, gerade in der Nacht, ein echt fieses Ziehen vom linken Schienbein bis ins Fußgelenk. Die Nerven des Fußhebermuskels. Ihr erinnert euch? Das war der Bereich, der bei mir als erster Anzeichen von Schwäche zeigte. Am besten hilft mir dann Bewegung. Meistens hört es damit nach einer halben Stunde wieder auf. Ist das nicht der Fall, nehme ich dann doch mal eine Schmerztablette und lasse den Fuß beziehungsweise oft auch das ganze Bein in eine andere Position lagern. Außerdem sind meine Füße schon lange im so genannten Spitzfuß. Eine weitere Folge der Muskelschwäche. Beim Spitzfuß handelt es sich um eine Fehlstellung des Fußes, wobei der Fuß im

Sprunggelenk gebeugt gehalten wird (Plantarflexion). Es besteht ein Fersenhochstand. Ein Aufsetzen des Fußes mit der gesamten Fußsohle ist nicht mehr möglich. Perfekt, wenn ich eine Ballerina wäre. Also automatisch kann ich das nicht mehr, aber mein Physiotherapeut meint, für diesen langen Zeitraum bekäme er das Gelenk noch recht gut mobilisiert. Und das tut mir wirklich nicht weh. Einfach sonderbar.

Ein weiterer Schmerzpunkt befindet sich am Hinterkopf. Links oder rechts neben dem ersten Halswirbel. Ein stechender Schmerz und nur durch etwas Bewegung und einer Veränderung der Lage, hört es auf. Komisch.

Ihr merkt schon... meine gute Laune schwindet immer häufiger. Leider!

Es kostet mich schon wesentlich mehr Kraft, mich aufzubauen, als noch vor ein oder zwei Jahren. Diese Schmerzen sind das eine. Die Feststellung, dass der körperliche Verfall voranschreitet (ja ist doch so!) und die Erkenntnis, dass es immer noch weiter bergab geht, die andere. Seit einer ganzen Weile bemerke ich schon, dass ich beim oralen Absaugen keine Kraft mehr habe. Meine Zunge und die Lippen lassen sich nicht mehr unter dem Sog vom Katheter lösen. Ganz banal, aber für mich wieder das Zeichen einer Niederlage dieser beschissenen Krankheit gegenüber. Darunter fällt auch noch die Schwäche meines ganzen Kiefers. Hängt nämlich mein Kopf leicht zur Seite, was mir wegen meines

starken Speichelflusses und des ausgeprägten Wür-
gereizes, eigentlich ganz lieb ist, kann ich meinen
Mund kaum noch öffnen. Und so wird einem ganz
schnell klar, dass der Kaumuskel der stärkste des ganzen Körpers ist. Interessant!

Was mir hilft, wenn ich mal down bin, sind aber nicht
zuletzt die vielen lieben Kommentare oder **P**ersönli-
chen **N**achrichten, die mich aufgrund meines Buches
erreicht haben. Es ist so schön für mich, zu lesen, auf
welch unterschiedliche Weise meine Geschichte die
Menschen erreicht hat. Da gibt es zum Beispiel die Frau
aus Berlin, die erst vor knapp einem Jahr ihren Vater an
ALS verloren hat. Berlin! Ich habe keinerlei Bezug zu
Berlin. Sie schrieb: „...*ich bin durch einen Zeitungsartikel
auf Sie und ihr Buch aufmerksam geworden... Vielen
Dank für die privaten Einblicke und die Schilderung Ihres
Alltags. Ich bin begeistert, wie positiv Sie mit Ihrer Situ-
ation umgehen. Mein Vater ist vor ein paar Monaten an
ALS verstorben, nur 14 Monate nach Auftreten der ersten
Symptome und 10 Monate nach Diagnosestellung. Leider
gelang es ihm und unserer Familie, wohl auch aufgrund
des rasanten Verlaufs, nicht, einen solchen Umgang mit
der Krankheit zu finden. Ich wünsche Ihnen, dass Sie sich
Ihre Freude am Leben weiterhin bewahren...*"

Einfach so schön! Danke für diese lieben Worte.

Und damit nicht genug. Inzwischen haben wir uns ein
wenig geschrieben und sie schreibt genau das, was mir
wichtig ist: „...*ich habe mittlerweile einige Bücher von*

ALS-Betroffenen und Angehörigen gelesen. Alle sind unterschiedlich und jedes für sich so wertvoll, weil jeder Verlauf, jede soziale Konstellation drumherum und jeder Umgang damit unterschiedlich ist..."

Und weiter... „Er hat selbst nach Kontakten zu anderen ALS-lern gesucht, ist aber nicht fündig geworden. Auch deshalb ist der Schritt in die Öffentlichkeit so wichtig. Liebe Grüße"

Dieser Support ist besser als jede Medizin. Jetzt folgen noch ein paar weitere Nachrichten und auch eine Rezension von Amazon, die ich euch nicht vorenthalten möchte, weil es mich einfach so berührt:

So schreibt eine Bekannte meines früheren Chefs: „...und heute musste ich es am Stück durchlesen (obwohl ich kein Bücherwurm bin). Da meine geliebte Schwägerin vor über 20 Jahren auch ALS hatte und wir weder Internet hatten noch sonst wo uns darüber informieren konnten. Ich frage mich immer, immer wieder, warum trifft es die „einen" so unsagbar hart im Leben und die „anderen" nicht. Danke für dieses Buch."

Oder eine Krankenschwester, die sich an mich erinnerte: „...bei meiner Kollegin und mir sind Sie noch oft ein Gesprächsthema, weil wir Sie so unheimlich nett fanden und weil Sie, trotz ihrer schwierigen Situation, so etwas Liebevolles und Zufriedenes ausgestrahlt haben..."

Mit ihr konnte ich mich nur nonverbal „unterhalten" und trotzdem haben wir uns verstanden. Das können nicht viele Menschen.

Oder eine Rezension auf Amazon, die noch einen ganz anderen Aspekt aufgreift, den meine Geschichte mit sich bringt: „...*Caroline Reznik gibt in ihrem Buch einen berührenden Einblick in ihr Leben mit der Krankheit Amyotrophe Lateralsklerose (ALS). Das tut sie mit großer Offenheit und bewundernswertem Humor. Bewegend erzählt sie auch von ihren Zweifeln, ihrem Sohn weiter eine gute Mutter sein zu können. Ein Buch, das nachdenklich und dankbar macht für die selbstverständlichen Kleinigkeiten des Lebens. „Egal wie lange ein Leben ist, ist doch nur wichtig, wie schön es war, oder was meint ihr?"*

Mai 2022

Jetzt ist es schon Mai und die Vorfreude auf die Hochzeit meines Bruders rückt in greifbare Nähe. Allerdings wird meine Aufregung plötzlich überschattet von einem Schlaganfall einer früheren Schulfreundin. Wir haben uns während der Ausbildung in der Berufsschule kennengelernt. Heißt, sie ist in meinem Alter und es zeigt einmal mehr, wie schnell sich das Leben von jetzt auf gleich völlig verändern kann. Das war bei ihr leider schon zum zweiten Mal der Fall. Noch nicht genug überlebte sie inzwischen zwei schwere Herz-OPs, einmal Bauch-OP, Milz und Niereninfarkt. Eine wahre Kämpfernatur und zum Glück auf dem Weg der Besserung. Ich bewundere sie für ihre Kraft und ihren Lebenswillen.

Bei mir und meinen Schmerzen verhält es sich inzwischen so, dass ich mit den vermehrten Bewegungen, Positionswechsel und der Unterstützung der Schmerztabletten gut zurechtkomme. Meine Psyche bekommt allerdings schon seit Jahren etwas Unterstützung von einem Medikament und die Dosis lässt sich nicht mehr erhöhen. Ich muss mir Gedanken machen, wie es weitergehen soll. Die nächste Möglichkeit wäre ein richtiges Psychopharmakon. Das lehne ich aber noch (!) ab. Ich finde diese Medikamente verändern teilweise sehr stark die Persönlichkeit und das ist traurig. Das wäre für mich wirklich die letzte Alternative.

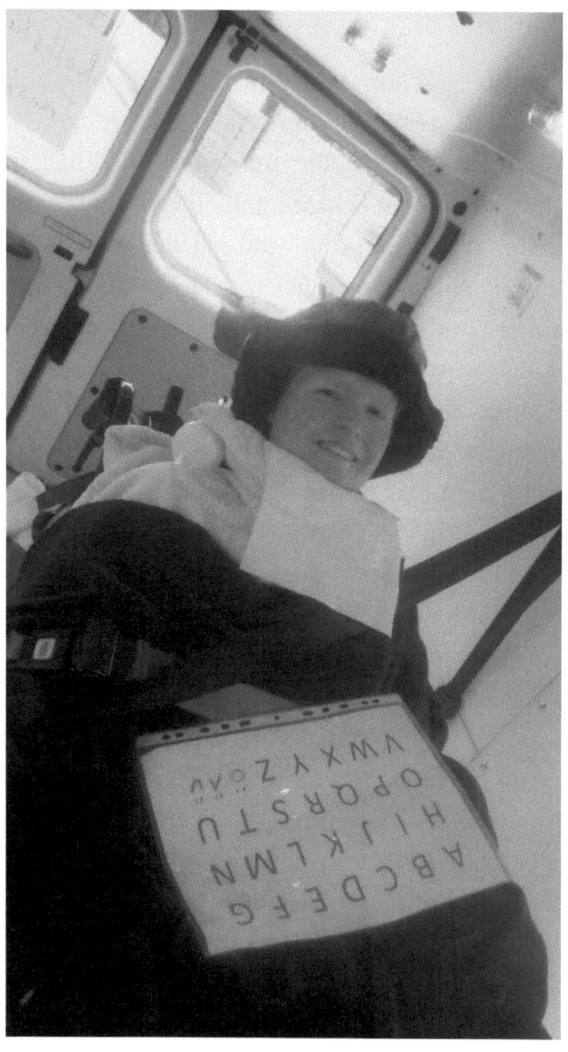

„Liebe Leute!
Caro war on Tour
Probefahrt für die Hochzeit meines Bruders gelungen!
Ich war jetzt seit knapp vier Jahren mit dem Transporter
nicht mehr unterwegs und da wollte ich nichts dem Zu-
fall überlassen. Jetzt wissen wir, wie wir planen müssen!
Muss nur noch das Wetter mitspielen... aber wenn Engel
reisen... Neckarzimmern ich komme!!!"

Dass diese „Probefahrt" derart viele Gefühle in mir
wachrufen würde, habe ich nicht erwartet, und ich
fühlte mich ziemlich, ja ich kann fast sagen, überrum-
pelt. Wie ich schon erzählt habe, war ich seit über vier
Jahren nicht mehr unterwegs und in dem Ort, in dem
ich aufgewachsen bin, schon viel länger nicht mehr.
Jetzt fuhren wir also meiner alten Heimat entgegen und
schon kurz vor dem Ortsschild kullerten meine Tränen.
Und wie es das Schicksal so will, schaltete die Ampel im
Ort just in diesem Moment auf Rot und zwang uns zum
Anhalten.
Dazu müsst ihr wissen, dass wir ganz in der Nähe bei
einer Großtante viele Tage unserer Kindheit verbrach-
ten. So konnte ich noch ein paar Sekunden mehr die
Heimat genießen.
Es war eine sehr gute Entscheidung, diese Probefahrt
zu machen. Jetzt sind es noch knapp zwei Wochen bis
zur Hochzeit und ich habe Zeit, mein Gefühlskarussell
wieder unter Kontrolle zu bringen. Schon heftig, was

die Psyche doch für eine Kraft hat. Die Affektinkontinenz tut dabei noch ihr übriges.

Beim nächsten Besuch meines Vaters fragte ich ihn, ob er schon eine Rede vorbereitet habe. Die Worte auf meiner Hochzeit vor knapp 20 Jahren haben mich sehr berührt und ich dachte, dass er mit Sicherheit auch für meinen Bruder etwas sagen möchte. Ja, er habe schon darüber nachgedacht, allerdings falle es ihm jetzt schwerer, Worte zu finden, als noch vor ein paar Jahren. Er wollte die Rede so persönlich wie nur möglich gestalten und das sei nicht so einfach. Die Jugend ist nun doch schon ein paar Jährchen zurück. Also unterhielten wir uns eine Weile über genau diese Zeit und es gab ihm ein paar Denkanstöße. Außerdem half ich ihm ein bisschen bei der Wortwahl.

Das vollendete Werk gab ich meinem Sohn zu lesen und er war ziemlich ergriffen. Das hatte ich nicht erwartet. Ist doch immer so cool, der Große. Er habe auch schon daran gedacht, ein paar Worte an das Brautpaar zu richten. Es sei doch der richtige Rahmen, sich einfach mal zu bedanken. Jedoch liege ihm sowas gar nicht. Ob ich ihm nicht etwas schreiben könne? Ich war überrascht und begeistert zugleich von seiner Idee, etwas zu sagen und wollte ihn natürlich nicht im Regen stehenlassen.

Er beschrieb mir seine Gedanken und ich bildete ein passendes Gerüst. Er fügte dann final noch ein paar Worte hinzu. Für einen 16-jährigen schon sehr bewundernswert, wie ich finde. Und so viel kann ich schon verraten: nicht nur sein Onkel war zu Tränen gerührt.

Juni 2022

Endlich Juni. Endlich die Hochzeit. Nur noch zwei Tage. Um diesen „Marathon", was es für mich körperlich durchaus darstellt, bewältigen zu können, habe ich mir einen weiteren Schlachtplan ausgedacht. Wie? Das habt ihr euch schon gedacht...? Mist! Bin ich so leicht durchschaubar? Kleiner Spaß am Rande...

Meinen Physiotherapeuten habe ich gebeten, sich heute verstärkt um meine Lendenwirbelsäule zu kümmern. Freitags blieb ich dann nachmittags länger liegen, um den Rücken zu entlasten. Abends ließ ich mir dann noch einen Katheter legen. Ja leider! Das hatte niemand auf dem Schirm, oder? Aber auch ich muss mich ja hin und wieder mal erleichtern. Zu Hause werde ich mit dem Lifter transferiert, um aufs „Örtchen" zu gehen, aber unterwegs? Eine Pampers kam für mich nicht in Frage. Und zwischendurch noch mal nach Hause? Keine Option. Die Fahrt ist mindestens genauso anstrengend, wie sitzen zu bleiben. Die Zeit, die für diese Alternative auf der Strecke bleiben würde... viel zu kostbar! Der Nachtdienst war so lieb und richtete schon mal die Sachen, die wir zur Sicherheit alle mitnehmen müssen. Das bedeutet, das zweite Beatmungsgerät, das zweite Absauggerät und auch den

Ambu-Beutel.

Der Ambu-Beutel (Beatmungsbeutel) ist ein Hilfsmittel zur manuellen Beatmung von Patienten mit Atemstillstand oder nicht ausreichender Atmung. Er besteht aus einem Hohlkörper, der zur Beatmung zusammengedrückt werden muss und einem Ventil mit genormtem Ansatzstück für die Beatmungsmaske oder einen Tubus. Entwickelt wurde er vom Unternehmen Ambu A/S in Zusammenarbeit mit einem Anästhesisten und wird deshalb auch Ambu-Beutel genannt. Die im Hohlkörper enthaltene Luft strömt über das Patientenventil in die Lunge des Patienten. Wird der Beutel wieder entspannt, füllt er sich über das Einlassventil selbstständig wieder mit Luft. Die Ausatemluft des Patienten entweicht über das Patientenventil in die Umgebung. Das sind schon richtig helle Köpfchen, die sich so etwas ausdenken. Zu den Geräten kommen jeweils ein frisches Schlauchsystem und die Filter. Ihr merkt schon, dass ich die ganze Zeit nicht übertrieben habe. Es ist ein sehr großer Aufwand, wenn ich mal weg möchte. Selbstverständlich nicht bei einem Spaziergang rund ums Haus, aber sonst...

Am Morgen der Hochzeit wurde dann noch die Ernährungspumpe hinten am Rollstuhl befestigt. Als Oberteil habe ich eine Bluse angezogen und ich habe mir ein passendes Tuch dazu rausgesucht, um wenigstens auf den offiziellen Fotos die Trachealkanüle zu verdecken. Meine Freundin stand pünktlich wie abgemacht vor der

Tür. Die Trauung war für 11 Uhr geplant. Das „Verladen" von mir dauert ungefähr eine halbe Stunde. Festgezurrt, angeschnallt und beladen ging es los. Wir konnten ohne Zwischenstopp zum Standesamt fahren. Vermutlich hatte mein Speichel ein Einsehen. Mit einem „normalem" Pkw braucht man von mir zu dem Rathaus nicht ganz 20 Minuten. Paar Minuten später als gedacht kamen wir an und das Erste, was ich sah, als ich aus dem Transporter gerollt kam, waren die strahlenden Augen meines Bruders.

Wir gönnten uns diesen kurzen emotionalen Moment.

Er nickte nur und schloss kurz die Augen.

Wie gern hätte ich ihn jetzt in meine Arme geschlossen. Nun gut.

Dann trockneten wir unsere Tränchen und ich stellte mich mit ihm zusammen vor den Eingang des Rathauses, um auf seine Liebste zu warten. Was er allerdings nicht wusste... seine Braut wird mit einem alten Feuerwehrmannschaftsbus gebracht werden. Mein Bruder ist schon seit über 20 Jahren in der freiwilligen Feuerwehr und leitet seit Jahren die Jugendwehr. Meiner Cousine kam die Idee mit dem Bus, weil sie wusste, dass ein Feuerwehrkamerad dieses Schätzchen in der Garage hat. Man musste ihn auch nicht lange bitten. Das war eine Überraschung ganz nach seinem Geschmack. Meine Schwägerin machte sich zudem bei unserer Cousine fertig und kam aus dem Lachen nicht mehr raus, als sie das Fahrzeug in der Einfahrt sah. Auch sie hatten wir natürlich vorher nicht informiert. Selbstverständlich war sie begeistert von dieser Idee! Ursprünglich sollte sie von einem schönen alten Citroen geholt werden. Das sparten wir für die Fahrt zur Location auf. Die Fahrt ging los. Sie mussten fast durch den ganzen Ort. Plötzlich meinte mein Bruder nur: „Was ischn des jetzt...?" und brach in schallendes Gelächter aus. Sofort musste ich Grinsen. Ich wusste gleich, dass er die Überraschung entdeckt hatte. Sie waren nur noch wenige Meter vom Rathaus entfernt und er hatte das Bussle gesehen. Es war mit großen weißen Papierschleifen und Efeu verziert und somit eindeutig zu erkennen, dass es für die Hochzeit gedacht ist. Zeitgleich ertönte dann noch unter großem Hallo aller Gäste das Tatütata und die Überraschung war perfekt. Wie ich so meinen Bruder beobachtete, kullerten erneut die Freudentränen. Unter dem tosenden Beifall der Gäste stieg die Braut aus und wir machten uns auf den Weg ins Trauzimmer. Ich war gespannt, wie die Trauung wohl gestaltet sein wird. Dazu muss ich kurz einwerfen, dass unsere Trauung damals sehr emotionslos und trist verlief. In 15 Minuten war es erledigt. Daher muss ich gestehen, dass ich innerlich die Augen verdrehte, als meine Schwägerin für die ganze Zeremonie eine ganze Stunde eingeplant hatte. Was um Himmels Willen will man in diese 60 Minuten alles reinpacken? Sind wir doch mal ehrlich... selbst wenn beispielsweise etwas Musikalisches geplant ist, füllt es die Zeit nicht aus. Aber ich war überrascht, wie schön und bewegend der Bürgermeister die passenden Worte fand. Da man sich ebenfalls schon jahrelang kennt, hatte diese Feierlichkeit sofort etwas Familiäres. So berührend, aber auch mit einem charmanten Witz! Es wird allen eine wunderschöne Erinnerung bleiben.

Nach der Trauung wurde dann das Brautpaar gebührend mit einem Spalier der Feuerwehr-Kameraden empfangen und es gab ein paar Salutschüsse, getoppt von der lautstarken Fanfare des großen Löschfahrzeugs. Herrlich! Aber natürlich gab es für die Frischvermählten noch eine kleine Aufgabe zu erledigen. Mein Bruder musste von Hand eine große Flasche aufpumpen und die Braut konnte dann, als der Druck groß genug war, Fackeln löschen. Eine wunderbare Idee, alternativ zu dem üblichen Herzausschneiden oder Baumstammsägen.

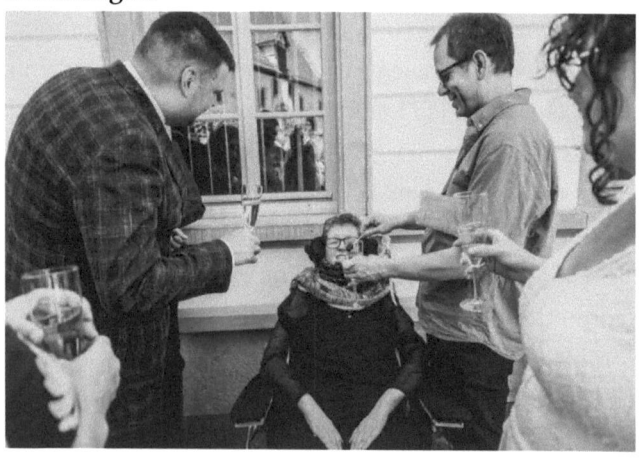

Die ganze Zeit über hatte ich immer wieder mit meinen Gefühlen zu kämpfen, aber nachdem wir endlich angestoßen hatten, beruhigten sich die Nerven und ich konnte endlich die ganze Situation genießen. So schön, die alten Bekannten wieder zu sehen. Ich möchte fast sagen, dass in unserem gemütlichen Dorf jeder jeden kennt und wenn man in dem einen oder anderen Verein ist, ist das gefühlt auch so. Ich war schon seit frühester Kindheit rege im Vereinsleben integriert. Dadurch kannten mich nun auch fast alle Anwesenden. Leider habe ich meinen PC nicht aufgebaut und hätte mich auch nicht wirklich unterhalten können, aber ich spürte, dass immer noch Hemmungen herrschen, auf mich zuzugehen.

Ihr Lieben! Keine falsche Scheu. Kommt, fragt... legt mir die Hand auf den Arm und ich kommuniziere mit den Augen. Solltet ihr mich nicht deuten können, ist mein Pfleger auch noch da. Mein Dolmetscher quasi.

Juli 2022

So schnell ist ein Jahr vorüber...

Mein Sohn wird im August 17 und hat sich verschiedene Angebote von Fahrschulen eingeholt. Verrückt. Das ist für mich noch soooo weit weg. Außerdem ist sein Interesse am Kochen gestiegen. Vermutlich auch, weil er im nächsten Jahr auf eigenen Beinen stehen möchte und die Wohngemeinschaft verlassen kann. So hat er zum Beispiel letztens gefragt, wie man meine von ihm so geliebte Bolognese-Sauce macht. Eigentlich wundert es mich nicht, dass er langsam immer öfter in der Küche steht.

Ich habe meinen Sohn schon sehr früh mit in die Küche genommen und auch an den Herd gelassen. Es war für ihn immer toll, zu erleben, wie aus den Zutaten etwas Leckeres wird. Seine Spezialität war am Anfang immer das Rührei mit Speck und Schnittlauch am Sonntagsfrühstück. Nun habe ich ein paar Gerichte für ihn zu Papier gebracht, die er gerne gegessen hat. Natürlich ist das im Zeitalter von Internet und Co eigentlich nicht nötig, Rezepte aufzuschreiben. Aber da findet er ja nicht so ein Rezept, wie ich es zubereitet habe. Außerdem finde ich den Gedanken schön, dass es Kindheitserinnerungen sind. Und sollte er selbst einmal Kinder haben, kann er sagen, das habe seine Mama so immer für ihn gekocht. Quasi futtern wie bei Muttern. Ich muss ja leider noch davon ausgehen, dass ich das Oma-werden nicht mehr erleben werde.

Nebenbei gesagt, ist das gar nicht so einfach, ein Rezept zu erstellen, wenn man sonst „frei Schnauze" gekocht hat. Naja, das mit der Bolognese hat er zumindest hinbekommen. Ok, die Frikadellen, die er ein anderes Mal zubereitet hat, hatten ziemliche Röstaromen, aber das lernt man schnell. Zudem habe ich notiert, wie ich so gehaushaltet habe. Von 500 g Hackfleisch bekommt man ja eine Menge Bolognese-Sauce und wenn man nicht tagelang das Gleiche essen möchte, bedarf es ein bisschen Planung. Das Planen kommt schlussendlich ja auch noch dem Geldbeutel zugute. Es ist nie verkehrt, ein bisschen zu haushalten.

Hier noch ein Foto von meinem Schleckermäulchen

Das Gute an der Idee ist zudem auch, dass ich wieder eine Aufgabe habe. Ein neues Buchprojekt wird es in nächster Zeit vermutlich nicht geben. Sooo aufregend ist mein Dasein ja nun wirklich nicht mehr. Ich habe inzwischen alles Nennenswerte preisgegeben. Am Ende wird mir noch langweilig. Das gilt es unbedingt zu vermeiden.

Ein bisschen ausmisten werde ich wohl auch noch, bevor meine Kleidung den Motten zum Opfer fällt. Ich habe ja schon seit Jahren keine Jeans oder ähnliches mehr getragen, sondern bin auf die praktischen Leggins umgestiegen. Die Jeans und meine Schuhsammlung habe ich so nach und nach schon verschenkt. Auch einige Jacken und Oberteile haben eine neue Besitzerin gefunden. Meine Güte, was sich so ansammelt über die Jahre...

Der Juli neigt sich dem Ende zu und das Datum der Veröffentlichung des Buches jährt sich zum ersten Mal. Es war ein spannendes und aufregendes Jahr. Es war richtig und wichtig, mit meinen Gedanken an die Öffentlichkeit zu gehen. Genau, diese ganz privaten Einblicke haben vielen anderen Kraft gegeben, wieder neuen Lebensmut zu schöpfen. Selbst wenn ich nur einer einzelnen Person damit ein bisschen Licht ins Dunkel gebracht habe, macht mich das überglücklich!

Kurze Anmerkung:

Den Abschnitt, in dem ich von dem Stromausfall berichte, habe ich vor dem Ukraine-Krieg geschrieben. Beziehungsweise als die Auswirkungen noch nicht abzusehen waren. Inzwischen habe ich privat vorgesorgt, dass ich auch über einen längeren Zeitraum ohne Strom zurechtkommen kann.

Nachwort

Mein Text liegt inzwischen zum ersten Gegenlesen bei Thorsten und es ist Oktober geworden. Während ich warte, was er dazu sagt, hat sich noch etwas ereignet, das ich noch ergänzen möchte. Bei meinem Sohn hat sich der erste Liebeskummer breit gemacht und ich wurde schlagartig in unsere Vergangenheit katapultiert.

Ich weiß noch genau, wie es sich damals bei mir angefühlt hat, und auch wenn es für ihn zunächst schmerzhaft ist, mich hat es glücklich gemacht, für ihn jetzt noch da sein zu können. Klar, ein Gespräch unter Männern kann ich ihm nicht bieten... Ein weiteres Mal zeigt die Situation aber unser starkes Familien-Band. Allerdings auf der anderen Seite auch schmerzlich für mich, weil ich ihn nicht in den Arm nehmen kann. Aber er wusste, dass ich bis spät abends erreichbar bin, und wir haben einander geschrieben, bis er schlafen konnte. Ein paar Tage später kam er zu mir und wir führten ein weiteres langes Gespräch. Wie sich herausstellte, hat sich mein Sohn die letzten Jahre eine Schutzmauer aufgebaut, um nicht noch mehr verletzt zu werden. Diese Mauer hat nun Risse bekommen, die natürlich weh tun, und er fragte, wie ich das in den Griff bekommen habe damals. Mein Mann verstarb ganz plötzlich an den

Folgen einer Lungenembolie. Zu diesem Zeitpunkt war mein Sohn noch keine fünf Jahre alt. Er kann sich zwar noch an einiges erinnern, aber das Gefühl der Trauer im eigentlichen Sinn hat er nie wirklich gespürt. Jetzt allerdings fühlt er den Schmerz einer fehlenden Umarmung und Zuneigung, die ich ihm durch diese fürchterliche Krankheit seit Jahren nicht mehr geben kann. Genau diesen Schmerz trage ich ständig mit mir und er bewundere mich einmal mehr für meine Stärke. Außerdem ist er unendlich dankbar dafür, was ich ihm im Rahmen meiner doch sehr eingeschränkten Möglichkeiten ermögliche. Er wünscht sich, dass er in Zukunft auch diese Kraft entwickelt, um für sämtliche Situationen gewappnet zu sein. Ich finde, diese Stärke hat er längst in sich schlummern.

Ihm habe ich das allerdings nicht verraten. Nur so viel: Die Zeit heilt keine Wunden! Die Zeit lässt auch nicht vergessen! Aber die Zeit hat mich gelehrt, mit dem Schmerz umzugehen.

Das Gespräch gab uns unendlich viel und hat uns noch etwas mehr zusammengeschweißt. Großer, ich liebe dich!

Zu guter Letzt!

Ein dickes Dankeschön an alle, die mich unterstützen, für mich da sind und unermüdlich bei Laune halten.

Sprich, zum einen:

Meinem super Team von Pflegern - Intensivpflegedienst Barth und Meier.

Dem Physiotherapeuten David Früh und seinem Team - Vital Zentrum Aglasterhausen.

Den Ergotherapeutinnen Frau Bräuchle und Frau Münker - Praxis für Ergotherapie Münker Aglasterhausen

Und der Logopädin Frau Grundmann - von der Praxis für Logopädie Pink Mosbach.

Außerdem danke ich natürlich meinen Freunden, die sich immer wieder etwas Neues ausdenken, um mir eine Freude zu machen. Das ist zum Beispiel das geniale Wohnzimmerkonzert letzten November und erneut im März. Oder ein DVD-Abend. Ganz lieb fand ich die Idee mit dem Adventskalender, für den mir täglich eine Geschichte per Sprachnachricht geschickt wurde. Oder ich bekam eine Bastelei für den Tannenbaum, 24 an der Zahl. Nicht zu vergessen Cantare. Der Chor bei dem ich jahrelang gesungen habe. Sie sangen für mich in meinem Wohnzimmer nach der Zwangspause von Corona. Oder es ist eine Freundin, die für mich zum Geburtstag

mein momentanes Lieblingslied mit ihrem Mann ein-
gesungen hat. Was für eine Bereicherung WhatsApp
doch ist. Sie wohnt nicht mehr hier, aber ich verfolge
ihre Posts bei Instagram mit ihrer Band.

Aber das Wichtigste natürlich: ein großer Dank an
meine Familie, für die vielen Botengänge und Einkäufe,
die ständig erledigt werden müssen, um nur einen kleinen Teil zu nennen. Es ist schlichtweg nicht möglich,
hier alles und jeden aufzuzählen. Erst wenn man selbst
wirklich nichts mehr selbst erledigen kann, fällt auf,
was so ganz „nebenbei" läuft. Und sei es „nur" der Weg
zum Hausarzt jedes Quartal, um die Versichertenkarte
einzulesen.

Ich bin auch der Apotheke sehr dankbar, die hier auf
dem Land die Rezepte bei den Ärzten holt und dann die
Medikamente ausliefert! Ich finde, das muss auch mal
erwähnt werden. Ist schließlich alles andere als selbstverständlich!

Nun habe ich in diesem Buch einen Mann erwähnt, der
auch seit Jahren an ALS erkrankt ist, aber sich nicht un-
terkriegen lässt. Wen es interessiert, was er so zu berichten weiß, über die Tiefen dieser Krankheit, schaut
euch mal _www.madebyeyes.de_ - _Christian Bär #ALS und
andere Ansichtssachen Außer Muskeln fehlt mir nix!_ an.
Außerdem habe ich hier noch zwei Bücher, die ich
empfehle:
Nina Zacher: „Such dir einen schönen Stern am

Himmel"
Sandra Schadek: „Ich bin eine Insel: Gefangen im eigenen Körper"

Und wenn ihr von den ganzen Schicksalsschlägen genug habt, lest doch mal die Bücher von Thorsten Peter. Er hat Bücher für Jugendliche und Erwachsene. Da ist bestimmt für den einen oder anderen etwas dabei. Thorsten half mir schon bei meinem ersten Buch, es druckbereit zu machen, und ich bin ihm sehr dankbar dafür.

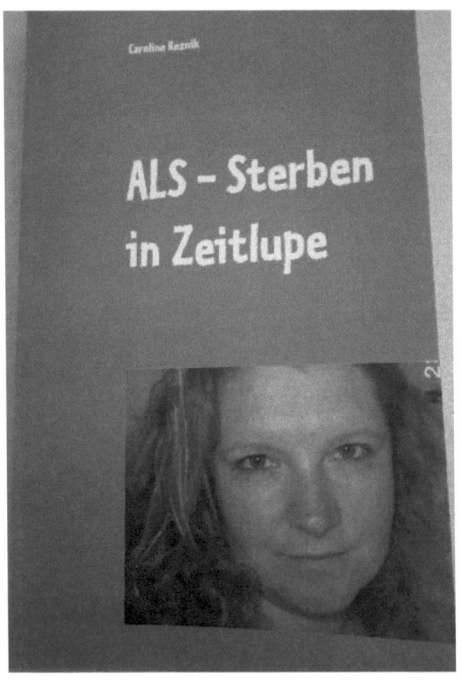